憂鬱でなければ、仕事じゃない

見城 徹
幻冬舎代表取締役社長
藤田 晋
サイバーエージェント代表取締役社長

講談社

まえがき

藤田 晋

「三十代になってから一番影響を受けた人物は見城さんかもしれないな」

顧問を務める山形の東北芸術工科大学に、新幹線に乗って見城社長とふたりで行った帰り道、一人になってふとそう思いました。

二十代のころ社会に出てがむしゃらに仕事を始めてから、ずっと心の中に引っかかっていたものが二つありました。それは「凡庸なもの」「表面的なもの」とどう付き合うかということ。組織の中で個性を失い、社会からはみ出さないよう保守的になって、企業人として上辺《うわべ》の付き合いだけが増えていく——。

企業社会で生きていれば、自然に発生する負の側面のようにも感じていましたが、僕はビジネスマンとして人生を歩んでいく上でどうも釈然とせず、自分の態度はどうあるべきか戸惑っていました。

見城社長は、そういった疑問に対して何が大切で無駄か、初めてはっきりと僕に教えてくれた人でした。

見城社長と初めてゆっくり話をしたのは、二〇〇五年の春。作家の五木寛之先生を交えた会食の席で、僕が三十一歳の時でした。その頃僕はインターネットの広告代理店事業からメディア事業（Ameba）への脱皮を図っていて、インターネットにおけるコンテンツはどうあるべきか、先が見えない中で必死に答えを探していました。既存メディアとインターネットで変わるもの、変わらないものを見極めたいと考えていたのです。

その後、幻冬舎との業務提携やアメーバブックス新社の合弁設立などの仕事を通じて見城社長から学んだコンテンツのあり方は、普遍的なものでした。もちろんネットならではの決定的な特性はあります。しかし、みんながテレビや出版物で見たいものとネットで見たいものは、本質的には何も変わらないのです。そればかりか能動的にアクセスし、クリックひとつで飛んでいけるネットの世界では、既存のメディア以上に凡庸なものは見向きもされないことがよくわかりました。

またその頃、僕は二十世紀型の日本的経営を参考にした組織づくりに着手しました。チームの和を大切にし、福利厚生に力を入れ、サイバーエージェントを長く働ける会社にしようと舵《かじ》を切ったところでした。当時は終身雇用、年功序列が崩壊したと言われ、成果主義でドライな社風の会社が増えている中、あえて時代に逆行する道を選んだのです。

ネットのようなデジタルな世界で仕事をしていると、つい合理性だけを突き詰めて人間関係が希薄になりやすい。実際僕が二十代だった頃のサイバーエージェントは、一時的にそのような時期がありました。しかし、ビジネス社会は人間社会であって、お互いの信頼、信用なくしては成り立ちません。実際、仕事は人間的で泥臭いものであり、義理や人情抜きで成功することはありえない。それはデジタルの世界でも変わらないし、若い世代が中心の会社であっても同じことです。

次第に僕は、仕事において表面的ではない真心のこもったコミュニケーションで信頼関係を築くことが、何より大切であると確信を持つようになりました。

また、僕は三十代になり、人付き合いを考え直さなければならない時期を迎えていました。二十代の頃は先入観を持たずたくさんの人とどんどん会っていましたが、そのせいで目の前の付き合いをこなすだけで精一杯になり、真のキーパーソンとの時間が十分に確保できなくなっていたのです。

仕事における人付き合いのあり方について、僕は特に見城社長から強い影響を受けました。そうした目から鱗《うろこ》が落ちるような言葉が、この本にたくさん登場します。

この本の見出しに出てくる数々の珠玉の言葉は、すべて見城社長のものです（自筆です）。時に、文学的で情緒的な見城社長の言葉に、本人が自己解説し、そこに実体験を交えた僕なりの解釈を若い人にわかりやすく書き添えた構成になっています。

タイトル『憂鬱《ゆううつ》でなければ、仕事じゃない』は、以前、アメーバブックス新社の役員会議を行っている時に見城社長の口から飛び出した言葉です。それを僕がツイッターに書き込むと驚くほどの反響を得ました。おそらく多くのビジネスマンにとって、救いになる言葉だったのでしょう。

二〇一〇年後半から二〇一一年三月十一日まで、この本のために毎週のように見城社長と打ち合わせを重ねてきました。この本の製作過程は、それ自体を心から楽しめるもので、僕くらいの年代の経営者ではまず得られないような貴重な経験だったと思います。

このまえがきを書く前に、僕は出来上がった原稿を何度も読み返しました。そして見城社長と話していた時に感じた、仕事というものの面白さや奥深さが蘇《よみがえ》ってきました。僕自身にとってもこの本が、今後の人生のバイブルになるのはまず間違いありません。

藤

憂鬱でなければ、仕事じゃない　目次

まえがき　藤田晋　1

第一章　人としての基本

小さなことにくよくよしろよ　14

かけた電話を先に切るな　20

自己顕示と自己嫌悪は「双子の兄弟」　26

努力は自分、評価は他人　32

正直一番、正々堂々　38

第二章　自分を鍛える

スムーズに進んだ仕事は疑え　46

パーティには出るな 52
「極端」こそわが命 58
苦境こそ覚悟を決める一番のチャンス 64
これほどの努力を、人は運と言う 70
ピカソのキュビスム、ランボーの武器商人 76
ふもとの太った豚になるな。頂上で凍え死ぬ豹になれ 82
憂鬱でなければ、仕事じゃない 88

第三章 人心を掴む

切らして渡せなかった名刺は速達で送れ 96
天気の話でコミュニケーションを図るホテルマンは最低である 102
行く気がないのに、今度、飯でもと誘うな 108
初対面の相手と、カラオケには行くな 114

刺激しなければ、相手の心は摑めない　120

第四章　人を動かす

頼みごと百対一の法則　128
無償の行為こそが最大の利益を生み出す　134
天使のようにしたたかに、悪魔のように繊細に　140
良薬になるな。劇薬になれ　146
他者への想像力をはぐくむには、恋愛しかない　152

第五章　勝ちに行く

すべての道は自分に通ず　160
顰蹙は金を出してでも買え　166
打率三割三分三厘の仕事哲学　172

「この世あらざるもの」を作れ 178
無謀を演出して、鮮烈に変えよ 184
ヒットは地獄の始まり 190

第六章 成功への動機付け

勝者には何もやるな 198
ノー・ペイン、ノー・ゲイン 204
スポーツは、仕事のシャドー・ボクシングである 210
ワインは、働く男の「血」である 216
「京味」に行けなくなったら、仕事はやめる 222
男子たるもの、最後の血の一滴が流れるまで、戦い抜け 228

あとがき 見城 徹 234

写真　篠山紀信
題字　見城　徹
ブックデザイン　鈴木成一デザイン室

憂鬱でなければ、仕事じゃない

第一章 人としての基本

小さなことにくよくよしろよ

「神は細部に宿る」
という建築家の言葉は、
仕事にもあてはまる。
つい、見過ごしてしまうものにこそ、
事を左右する鍵がある。

これは角川書店の新入社員時代から守ってきた、僕の座右の銘だ。

小さなことを守れないやつに、大きな仕事などできるはずがない。若い頃、同僚を見ていてそう思い、やがて部下を持つようになって、ますますその感を強くした。

幻冬舎に、掃除の女性が何人かいる。彼女たちは仕事するうち、次第にわが社のひいきになる。ある時、僕はトイレで彼女らの一人に話しかけられた。

「見城さん、『永遠の仔』の上巻、読みましたよ。面白いですねー。下巻も必ず買いますからね」

「おお、ありがとう。いいよ、買わなくて。今、手元にないけど、三日以内におばちゃんに送るから」

僕がこう言うと、彼女はとても感激した。

この手の口約束は、たいてい守られないものだ。しかし僕は翌日、埼玉県の倉庫から上・下巻を取り寄せ、著者にサインを入れてもらって彼女に送った。

これは僕が、誠実だからではない。確かに約束した以上守るのは当然だが、どんなことでもビジネス・チャンスになる可能性があると思うからだ。

もしかしたら、今後、彼女が派遣された先で、世を震撼《しんかん》させる大事件が起きるかもしれない。その時彼女は、貴重な証言者になる。そして、間違いなくわが社に、優先的に取材させてくれるだろう。

僕の考えは、功利的だろうか？　しかし、あらゆる人間関係は、細かい情が基礎になっている。それをなおざりにして、何かしようとしても、うまくゆくはずがない。人間は感情を持つ動物である。仕事上の一見合理的な人間関係も、一皮めくればその下にとても大きな情の層がある。大事なのは情ばかりではない。義理と恩も忘れてはならない。僕はGNO（義理、人情、恩）を知らなければ、何事もうまくいかないと思っている。

「小さなことにくよくよするな」これは人生訓としては、その通りだろう。しかし、こと仕事においては、小さなことでくよくよしなければ、相手の心は摑《つか》めない。

ましてや大きな仕事など、できるはずがない。㊮

うちの若い営業マンが、何千万円、何億円の大きな取引の話をまとめようとしている時、意外と最後で取り逃がしてしまうことがあります。たいていは、一見些細《ささい》なことで相手に不安を与えてしまうからです。

たとえば、取引相手のちょっとした質問に適当な返答をしたり、商談が終わり、世間話をしている時知識のなさをあらわにしてしまったり。あるいは、「あのグッズ、送ってよ」と頼まれて、「はい、わかりました」と返事したのに、送らなかったり……。

取引相手は、何千万、何億という大きなリスクを背負って発注している。営業マン本人が気づいていないとても小さなことでも、それをないがしろにすると、「この人に任せて大丈夫かな」と、不安になってしまう。

まったく、ビジネスでは、意外なところに落とし穴があるものです。

上司と部下の関係でも、同じことが言えます。抜擢《ばってき》しようと思うのは、小さなことを頼んでも、きちっとレスポンスしてくれる人。あるいは、ダメだった時は、なぜダメなのか、報告してくれる人。逆に、そういうことを怠《おこた》る人に、大きな仕事を任せようとは思わない。だから、上司から小さな頼みごとをされた時こそ完璧に対応したほうがいいと思います。

何かしてもらった時、ひと言お礼を言うことも些細なようですが大事です。うちから独立して起業した人が、新しく出した商品を宣伝してほしいと、僕に頼んできた。僕はお祝いの意味を込め、ツイッターなどを使って、宣伝してあげた。それなのに、一向にお礼を言ってきません。

彼は、僕のような忙しい人は、そうした細かいことをいちいち気にしていないと思っているのかもしれません。ところが僕はそのことが気になっていました。

自ら会社を興《おこ》し、成功した人は、おそらく誰もが小さな約束でもきちんと守っています。いい加減ではないから、会社をそれなりに大きくできたのです。しばらくしてその彼が、別の頼みごとをしてきたので、僕はこう言いました。

「見城社長が、『小さなことにくよくよしろよ』と言っていました。そういう訳で、今回はお断りです」

藤

かけた電話を先に切るな

本来マナーは、
人間の意味ある行動が
形骸化《けいがいか》したものである。
しかし、ビジネスにおいて、
それは目立たぬように見せかけながら、
生々しく息づいている。

かけた電話を、先に切るやつが信じられない。かかってきた電話で、「ガチャッ」という音が受話器から聞こえると、もうこの野郎とは、二度と口を利くものかという気になる。

そもそも電話をかけるというのは、非常にぶしつけな行為だ。

相手は何をしているかわからない。何か重要なことを行っている最中かもしれない。それを中断させてしまうのだ。受話器を取らせたうえで、否《いや》が応《おう》でも話させる。

僕などは、作家に電話をかけることも多い。相手が執筆中のこともあるだろう。筆は一種の流れに乗って運ばれるものだ。流れを切ってしまうのではと、いつも冷や冷やする。

電話をかけることは、断わりもなく、人の家にあがるのと同じくらい、自分勝手なことだ。切る権利はいつでも向こうにあり、こちらにはない。なのに、こちらから切るのは、主客転倒もはなはだしい。

僕は自分がかけた電話は、必ず相手が切るのを待ってから切る。

留守電に「電話下さい」と残す人がいる。かけてみると、自分の頼みごと

だったりする。「ふざけるなよ」と心の中で思う。その時点で僕はその人を見限っている。相槌《あいづち》を「ウン、ウン」となれなれしく打つ人も失礼極まりない。

名刺の渡し方も、おかしな人がよくいる。

片手で投げるように渡す人など論外だが、取材や頼みごとに来て、会議室のテーブル越しに名刺を渡そうとする人がいる。そっちの都合で会っているのに、繊細さのかけらもない。いきなり相手に横着をするとは、何事かと言いたい。この場合の横着は、無神経にほかならない。こんな輩《やから》に遭遇すると、僕は、「君、こっちへまわって来いよ」と、言ってやりたくなる。二度と会う気はないから、早々に話を切り上げる。

僕はたいがいの場合、相手の傍らに行き、名刺を渡す。相手が複数の場合は、一人ずつ名刺を配って回る。

コミュニケーションは、関係に上下があることが多い。それをきちんとわきまえなければならない。こうしたことにどれほどデリケートになれるかで、相手に与える印象には、雲泥の差がついてしまう。

勝負はすでに始まっているのだ。㊊

ビジネス社会では、当然皆が皆、儲けたい、成功したいと思っています。中には、他人の利益を軽視して、自分さえ儲かればいいという人がかなりいるのも事実。株取引などゼロサムの世界で生きてきた人には、しばしばこの傾向が見られます。

しかし、ビジネス社会は、無機的なゲームを行う場ではありません。血の通った人間によって成り立っています。そこに利己主義者があらわれ成功し始めると、ほかの人たちはどうにかしてそいつを打ちのめしたいと考えるようになる。そうした情念を抑えていかないと、生き残れるものではありません。

僕の友人でもある、堀江《ほりえ》貴文《たかふみ》さんは、例の事件の後、しみじみと言っていました。

「反感の持つパワーが、これほどまでに強いとは思わなかった」

当時の自分があまりにも合理的に物事を推し進めたため、あのような結果を招いたことを、堀江さんは言っているのです。その時堀江さんは、初めてビジネス社会に存在する隠れたマナー（掟）の重大さに気づいたのだと思います。

投資したかったのに、させてくれなかった会社が儲かってゆけば、その人は恨みを募《つの》らせる。黎明期《れいめいき》に辞めた会社が伸びてゆけば、憎くなる。つまり、成功すればするほど、必然的に敵が増えるのです。

なるべく敵を増やさないために払うコストは、一見非合理的で、無駄に思えるかもしれません。

うちの会社は、インターネットを主としているけれど、広告代理店、テレビ局、芸能事務所など、メディアの世界で伝統を作ってきた人たちと深いかかわりがある。新参者の僕たちは、先人に対して敬意を払わなければなりません。

こう言うと感じ悪く聞こえるかもしれませんが、ビジネスにおける敬意とは、単純にお金であることも多い。利害関係者に利益が生まれる仕組みを作り、味方になってくれる人を増やさなければ、発展することはできません。

こうしたマナー（掟）を守らない場合の代償が、実はあまりに大きいと胸に刻んでおいたほうがよいでしょう。（藤）

自己顕示と自己嫌悪は「双子の兄弟」

人間は、誰しも多くの
矛盾を抱えているが、
それは最強の武器になりうる。

自分を他者に向けてアピールしたい気持ち、これが仕事の原動力になるのは、いうまでもない。いろいろな世界で頭角を現してくる人を見ていると、誰も自己顕示欲が強い。

しかし、それだけではいけない。一方で、同じ分量の自己嫌悪が必要だ。魅力ある人間においては、必ず、自己顕示と自己嫌悪が、双子のようにつながっている。その二つを揺れ動くからこそ、人としての幅が生まれ、それが他人から見ると、魅力に映る。目に見えなくても、心が運動すると、そこに風が起こり熱が発生する。それがその人のオーラなのだ。

そういう人には、多くの人が惹かれるし、また、付いてゆくものだ。

逆に、二極を持たない人間、つまり、自己顕示欲だけの人間など、単なるいやな奴にすぎない。いやな奴など、誰も付き合いたいとは思わない。

出版の世界にいると、自分を表現したい欲求を持っている人間に触れる機会が多い。その人が、ただの薄っぺらの野心家か、それとも何かを創り出す人かを見分けるのは、たやすい。

その人に自己嫌悪があるか、どうか。この視点を持てば、すぐに判別でき

る。ただの野心家は、自分をひけらかすことに何より喜びを感じ、それに終始する。そこに他者の視点はない。

一方、創造者は、自分を表現したい欲求が他者にどう映るかを常に考える。そのため、自己肯定と自己否定を、たえず行き来している。その葛藤が何かを生み出すのだ。

僕は人がふと、自己嫌悪をのぞかせた時、「この人とは付き合えるな」と、思う。

僕の仕事仲間であり、長年の友人でもある男に坂本龍一がいる。彼は誰もが認める世界の大音楽家だ。彼とはほぼ毎晩飲み明かしていた時期がある。二人ともまだ若く、刺激し合い、よじれ合うように過ごした。その時、口には出さないが、互いの自己嫌悪が二人の接点になっていた。

彼の音楽は美しい。その裏には、彼の深い葛藤がある。両極を絶えず振幅している。

あのメロディーの豊かさを支えているのは、彼の自己嫌悪なのだ。㊮

一般的に起業家というのは、自己顕示欲の塊のように思われています。しかし実際に会社を始めると、組織を引っ張ってゆくには、自己顕示欲は時として邪魔になることに気づかされます。

うまくいっている時は、自分ではなく、社員みんなが頑張ったのだと言い、悪い時は自分の責任だと言う。本当に優秀な経営者はそういう人が多いです。

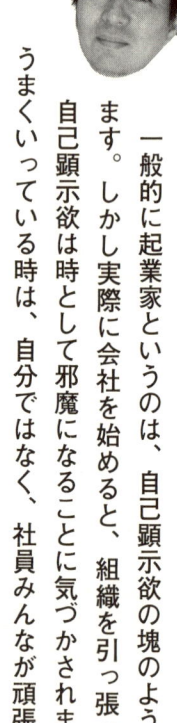

自分の能力がいかに優れているか声を大にして言う経営者もいるけれど、それはコンプレックスや不安の裏返しにすぎないのではないでしょうか。みんなが自分の功績を認め、尊敬していると思えば、ことさらそんなことを言う必要はないのだから。自分のすごさをアピールすればするほど、逆に人はひくだけ。説き伏せれば、相手はその場では納得したような様子を見せても、腹の中では反感を持ったりするものです。

実際、経営者や上司の自己顕示欲は、部下の意欲をなえさせることもあります。以前僕がある会社の社員だった頃、苦労して大きな注文を取ったことがあります。その時、上司がみんなの前で、「この注文は俺が手伝ったから取れたのだ」と誇らしげに言った。最後は、上司に手助けしてもらったのは事実ですが、僕はがっくりきました。やる気をうしなうだけでなく、その上司に対する信頼も、一気になくしてしまいました。

社員の力を最大限に引き出すことのできる人が、いい経営者です。しかし自己顕示欲は仕事の原動力であり、実務上も自己アピールが必要な場面が数多くあります。その難しい二つのバランスをとるには、どうすればいいか？

それは経営者が常に正直でオープンな姿勢を心がけていることではないでしょうか。

たとえ、自分がすごく自信を持っていたとしても、やはりどこかに不安や迷いはあるはず。それを率直に相手に見せてしまえばいいのです。

本当に魅力的な人は、自分の強さも弱さもさらけ出すことができるもの。いくら弁が立ち、自己アピールに秀でていても、本当の支持は得られない。このことを忘れてはならないと思います。（藤）

努力は自分、評価は他人

甘えは本来、他者に向けられるものである。
しかし、仕事での甘えは、
自分へのものであることが多い。
その落とし穴に気づくことが、
成熟の証である。

努力するのは自分であり、それを結果として評価するのは他人である。言葉にすると至って当たり前だが、このことをわかっていない人がとても多い。

ここで「努力」という言葉を、僕なりに定義し直すと、それは圧倒的なものになって、初めて「努力」と言える。一般的に言う「努力」など、その名に値しない。人が足元にもおよばないほど行った凄まじい努力が、僕の言う「努力」である。

二十代の頃、僕はずっと憧れていた石原慎太郎さんと、仕事をしたかった。すでに石原さんは、大作家だったし、勢いのある政治家だった。生半可《なまはんか》なことでは、仕事をしてくれないだろうと思い、僕は、学生時代、繰り返し読んだ『太陽の季節』と『処刑の部屋』の全文を暗記し、初対面の時、石原さんの前で暗唱した。石原さんは、「わかった、もういい。お前とは仕事をするよ」と言って苦笑した。

圧倒的努力は、いつか必ず実を結ぶ。

幻冬舎が出来たばかりの頃、雑居ビルに石原さんがやって来て、

「もしも、まだ俺が君の役に立つなら、何でもやるぞ」

と言ってくれた。その時の石原さんの表情は今も目に焼き付いている。そうやって、大ミリオンセラー『弟』は誕生した。最初の出会いから二十年が経っていた。

しかし、大変な努力をしても、そのことを知っているのは自分しかいない。結果を評価するのは、上司や取引先や世間である。つまり努力する側とそれを受け止める側は、何ら共通認識のない、まったく別の主体なのだ。両者の間には、どうすることもできない、絶望的な溝がある。

もう辞めてしまったが、以前うちの会社に、見るからに頑張って仕事している様子の社員がいた。何事も手を抜くということをしない。仕事が詰まってくると、ねじり鉢巻きをし、寝袋を持ち込んで会社に泊まり込む。誠実で気のいい男なので、誰も何も言わない。僕も彼の存在には随分、精神的に助けられた。何とか結果が出て欲しいと、心から願っていたが、なかなか出ない。

僕は一回だけ、切なさの余り彼に言ったことがある。

「君、結果を評価するのは僕だからね。プロセスは関係ないから」　見

何事でも、「結果ではなく、プロセスを評価してほしい」という人がよくいるけれど、僕はこれを聞くたび、ただならぬ違和感をおぼえます。

僕は経営者なので、結果が出なくても、本気で仕事に取り組んだ社員には、次のチャンスを与えるようにしています。しかし、プロセスを評価してほしいと本人が考えているとしたら、一体どこに焦点を合わせて仕事をしているのか心配になります。そういう人が結果を出したのを、僕は見たことがありません。

結局、仕事とは勝負なのです。勝とうとしなければ、勝てるわけがない。プロセスというのは、結果論で得られる副産物に過ぎないのです。

結果を出せる人は、見た途端にわかります。目つきが違う。それは獲物を狙う、タカのように厳しい。初めから、勝ちに行こうとしている。そこにプロセスを評価してほしいという甘えはありません。

そんな目をした社員に、「最近すごいね。頑張ってるね」と声をかけても、たいていあまり喜ばず、そっけない態度しかとらない。

まだ満足のいく結果が出ていないからです。結果を出すために、努力しているのは当然であって、いまそこ（努力）を褒められても調子が狂うのでしょう。

これは独立し、新しく起業した人にも言えます。

「俺は社長だ。サラリーマン時代とは、もう違う」と、悦に入っている人が、しばしばいます。そのような人と話をしていると、サラリーマンというものに対して、妙に上から目線だったりする。たとえば社長の名刺を見せたり、経営者同士の会合に参加したりすることが、その人にとって価値を持っていたりします。

本気で自分の会社を成功させようと思っている人は、社長に就いたこと自体に、何の意味も見出しません。

まだ結果が出ていないのであれば、何の自慢にもならないと考えるにちがいないからです。

社長になんか、なろうと思えば誰でもなれるのですから。

藤

正直一番、正々堂々

身を捨ててこそ浮かぶ瀬もあれ。
死《し》地《ち》に陥《おとしい》れて、後《のち》生《い》く。
極まった覚悟ができたとき、
はじめて活路を見出すことがある。
人生においてこれにまさる逆説はない。

「カステラ一番、電話は二番、三時のおやつは文明堂〜」

僕が子供の頃、こんなコマーシャルソングがあった。いつの頃からか、僕はその歌を、「正直一番、電話は二番、三時のおやつは正々堂々〜」と替え歌にし、大事な交渉に臨む前は、必ず口ずさむようになった。普通の仕事では、策を弄《ろう》したり、駆け引きしたりするのは、当然である。でも、大きな決断を下す時や、難しい状況に追い込まれた時は、正直が一番だ。

僕が角川書店を辞めるきっかけになったのは、当時社長だった角川春樹さんが、ある事件で逮捕されたことだ。

その直後、角川書店に返り咲き、社長の座に着く予定の角川歴彦《つぐひこ》さん（春樹さんの実弟）は、飯田橋の喫茶店に二度僕を呼び出し、会社の再建にはどうしても君が必要だから、君だけは残って欲しいと言ってくれた。

その頃僕は、取締役だった。僕が四十一歳で取締役になれたのは、春樹さんの引き立てがあったからだ。僕は、歴彦さんが春樹さんと対立し、会社を辞めることになった時、春樹さんの側についていた。僕は独立して出版社を始めようと思っていたものの、見通しは何もなかった。資金の目処《めど》も立って

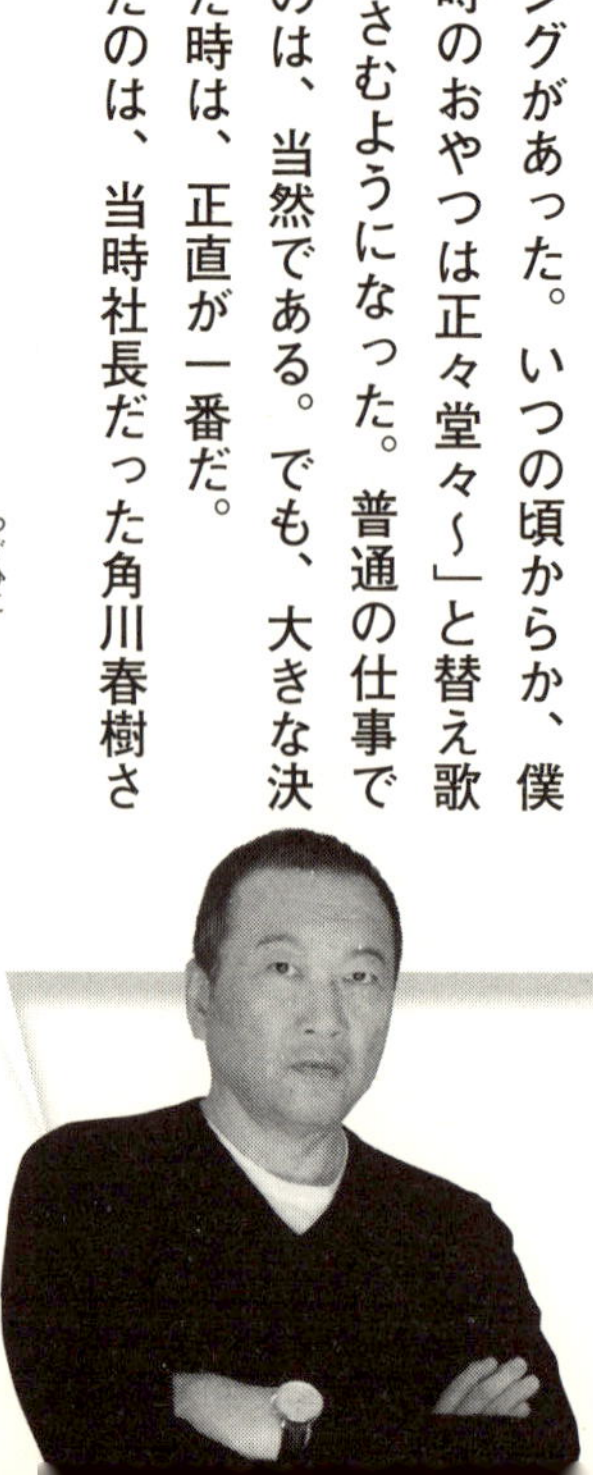

いなかった。歴彦さんがしてくれた申し出に、心が揺れなかったと言えば、嘘になる。

でも僕は、正直に自分の思いをぶつけた。

「僕がここまでやって来られたのは、春樹さんのおかげだと思っています。それに僕は、歴彦さんを追い出した側の人間です。そんな人間が、歴彦さんが戻って来られた会社に、残るわけにはいきません」

もう少しオブラートに包んだ言い方も、できただろう。でも、僕はそうしなかった。自分を追い込むためにも、正直でいたかった。

その時の僕の心境は、大石内蔵助の辞世の歌に詠まれたものに近い。

「あら楽し　思ひは晴るる　身は捨つる　浮世《うきよ》の月に　かかる雲なし」

（今、気分は爽快である。主君の仇《あだ》を討って、積年の思いは晴れた。そのために切腹することになってしまったが、私の心は澄み切っていて、一点の曇りも無い）

こうして僕は、清々しい気持ちで、正々堂々と次の人生のステップに臨むことができたのである。㊎

勝負どころを迎えた時は正直に、正々堂々と真正面から突破する。これに勝るものはありません。

会社を立ち上げた時、僕は週百十時間働いたものです。土日はなく、平日は朝九時から、深夜二時まで。それは人間の働ける限界だったでしょう。起きている間はずっと働いている感じでした。

もちろん、それまで会社経営などしたことはありませんでした。でも、がむしゃらにやり続ければ、どこかで光は見えてくる。

アメーバを作った時もそうでした。

そもそも僕の経営スタイルはトップ・ダウン式ではなく、社員に任せて伸ばすほうです。でも、この時は、僕が総合プロデューサーになり、アメーバのサービスに関わることは、僕の決裁なしにはできないようにしました。

それまで当社は、広告代理業の側面が強かったので、ユーザー向けの面白いコンテンツを作ることは、苦手でした。そこを克服しない限り、会社としての成長はないと思い、僕が先頭に立った。これはBtoB（企業間取引）から、BtoC（企業と一般消費者との取引）へ業態を変えることにほかなりません。

生半可《はまはんか》ではできないと思ったのです。

サービス内容はもちろん、絵文字や色など細かいウェブデザインに至るまで口を出しました。僕の負担は大きかったけれど、自分がやらないと社員もできないと思いました。その頃も今も、一日中アメーバの会議ばかり行っています。

僕は今、技術担当の役員も兼務しています。もちろん僕は技術者出身の社長ではないのですが、わが社を、日本で一番技術力のあるネット企業にしようと思っています。

自分の特性を、早くから決めてしまう人がいるけれど、それでは可能性の芽を摘んでしまうのではないでしょうか。人は、何にでもなれると僕は思います。

新しい道を切り拓くつもりならば、真っ向勝負で正面から突破する潔さが大切です。藤

第二章 自分を鍛える

スムーズに進んだ仕事は疑え

誰でも、面倒なことは避けたがる。
それをあえて行うことにより、
凡庸を脱する道が開けるのだ。
いばらの道を一歩ずつ進むことでしか、
勝利へは近づけない。

学生時代、僕は英語の試験を、英作文、つまり、一番難しい問題から解いていた。次に、英文解釈、最後に英文法。過半数以上の人ができる問題を解くのが嫌だった。

時には、難しい問題にばかり時間を費やし、簡単な問題は手つかずで、時間切れになることもある。しかし、表面的な点数などどうでもよい。人ができないことをするのが好きなのだ。僕には、子供のころから、そのようなところがあった。

自分がスラスラと解ける問題は、他の人も容易に解ける。そこで差はつかない。それでは面白くもなんともない。

仕事もこれと同じである。仕事がスムーズに進んでいる時、「うまくいっている」とは、断じて思うべきではない。むしろ、疑ってかかるべきだ。

そんな時、僕は、わざと苦しいほう、不可能だと思われるほうへ身をよじる。人がやらないことをやる。

薄氷《はくひょう》は自分で薄くして踏め、ということである。

そこで生じる負荷が、いい仕事の実感なのだ。その負荷に耐え抜いてこ

そ、はじめて、人より抜きんでることができる。

学生時代の勉強も、大人になってからの仕事も、本質的には同じだと僕は思う。よく、一日に何時間勉強したなどと言ったりするけれど、これほど意味のないことはない。一日十時間以上勉強しても、楽な問題ばかり解いていたのでは、少しも学力は身につかない。昔、学校のクラスにいたではないか。いくら勉強しても成績の上がらない、気の毒な生徒が。

時間というものは、人を錯覚させる。

長くかければ、それだけ有意義であると思ってしまうのだ。なんと愚かしいことだろう。

仕事も同じである。どんなに長時間働いても、簡単な仕事ばかりこなしていたのでは、結果は望めない。

大事なのは、費やした時間ではない。仕事の「質」である。多くの人が「無理」「不可能」と考えることに身をよじって立ち向かい、克服する姿勢が大切なのだ。

それがいつか必ず、目に見える形で大きな実を結ぶ。㊵

僕は将棋の羽生《はぶ》善治《よしはる》名人が大好きです。彼の持っている哲学はビジネスに通じるものがあり、それを論理的に語ってくれるからです。

羽生名人は、著書の中でこんなことを言っています。

「もし、自分の考えている通りの進行・局面になったとするなら、その時こそ要注意です。相手が自分の上を行く手を用意していることも多いからです。それゆえ、10手先の手を明確に読むのは、非常に難しいのです」(『結果を出し続けるために』)

将棋は、一対一の勝負なので、目の前に勝つべき相手がいる。

一方、多くの仕事はそうではありません。でも、相対的な競争相手は必ずいる。まず、そのことをはっきり認識すべきだと思います。

たとえば僕が、あるネットサービスを思いついたとしましょう。これが大した苦労もなく、パッと思いついたのならたいていダメ。そんなものは誰でも思いつく、ありふれたものにちがいないからです。実際、かなり自信のあるアイディアでも、見渡すと、ほとんど同じことを十人が考えていたりする。そういうことは、ネット業界では日常茶飯事なのです。

あらゆる仕事は、価値を生み出すために行うものです。付加価値とは、競争相手との差のこと。相手と同じか、それ以下ならゼロ。相手を上回った時、はじめて価値が生まれる。そして、上回れば上回るほど価値は大きくなるのです。

でもその道筋は、決して平坦ではありません。むしろ平坦ではないところから付加価値が生まれ始めます。それは並々ならぬ労力を要しますが、労力を費やすことこそが差別化であり、それが大きいほど大きな価値を生み出すのです。

そして、何かを乗り越えるたび、誰も真似できないものに近づいてゆく。

あらゆる仕事の苦労と楽しさは、こんなところにあるのではないでしょうか。（藤）

パーティには出るな

世間には、無意味なものがたくさんある。
しかも厄介なことに、
次々と向こうからまとわりついてくる。
それらを捨て去ることで、
贅肉《ぜいにく》はそぎ落とされ、仕事人の体は引き締まる。

僕はパーティが、大嫌いである。パーティという言葉を聞いただけで、虫酸《むしず》が走る。パーティの正しい訳語は、「表面的な集まり」でないかとさえ思っているくらいだ。

パーティに来た人の口から出る言葉は、十中八九、決まっている。

「どうですか、最近？」

あのようなざわざわした落ち着かない場で、いきなりこう聞かれて、自分の近況を的確に話せる人など、ほとんどいないだろう。いきおい、話は、表面的にならざるをえない。そんなことで、貴重な時間を費やすのは嫌だから、僕はパーティには行かない。

また、パーティほど、人同士を誤解させ、双方に心の傷をつける場もない。

あるパーティで、かねてより親しみを覚えている人物に出合わせたとしよう。でも、僕はすでに誰かと話しており、彼とは軽く会釈《えしゃく》し合うだけだ。僕はやむをえず、そこでの会話を続ける。ようやくその場を解放されて、彼を探しても、もうどこにもいない。彼は、僕の気のないそぶりに、気分を害してしまったのではないか？　その時の後悔ほど、苦々しいものはない。

僕は、断言する。パーティを好きな人に、仕事のできる人はいない――と。

パーティ好きな人は、要するに、そこに出席している自分に酔っているか、有力な人物（地位や権力のある人、有名人など）と知り合って、それを武器にしようとする人である。しかし、それは小手先である。人と人との本当の関係はそんなことでは獲得できない。

パーティで二言三言口を利いたことのある人は、その人にとって、もう「知り合い」なのだ。そのことに恍惚とし、それをひけらかして、彼らは、「人脈」を作ったと錯覚する。パーティにはびこっているのは、彼らのような勘違いした小手先の人たちである。彼らとかかわりを持ったところで、何になる？　百害あって、一利なしなのは、明らかではないか。

僕は、藤田君のような有望な後輩たちに出合うと、必ずこう言うことにしている。

「もし君が、この人生において成功したいと思うなら、決してパーティには行くな」

見

まだ何もわからない二十代の頃、ある先輩に、パーティと名のつくものにはできる限り出席するように勧められ、実際そのようにしていた時期もありました。出席すればするほど人とのつながりが増え、仕事が広がると期待していました。

しかし、その結果得たものは、後で顔も思い出せない人の名刺の山。僕は、すぐになくなる名刺の注文ばかりしていたのです。

パーティで得られるものは、ほとんどない。これが身も蓋《ふた》もない、僕の体験的な結論です。

パーティといえば、以前、面白いことがありました。二〇〇〇年のネットバブルの頃、渋谷に集まるネットベンチャーはビットバレーと呼ばれ、僕をはじめ、堀江貴文さんや三木《みき》谷浩史《たにひろし》さんなどが必ず出席するパーティが月に一度開かれると話題になり、そのパーティにはいつも多くの人が集まっていたらしい。ところが、当の僕は、たった一度、しかもスピーチをする十五分程度、参加したことがあるだけでした。

聞けば、堀江さんも三木谷さんも同じような感じでした。

僕はパーティというものの実態が、なんとなくわかった気がしました。パーティに行く人の心理とは、要するに群れたいということだと思う。一人で生きてゆくのは、不安がつきまとう。実際、パーティに行かないと決めたら決めたで、さみしいものです。

しかし、心から成功を望むなら、孤独に耐えることが必要だと思います。成功とは、何らかの決定権、つまり一人で判断する権利を摑むことなのですから。事実、組織の上に立つ人は、いつも孤独をひしひしと感じているものです。

だから本当の成功者はパーティに来ないのだと思います。もし本当にそのような人と交流を深めたいのなら、孤独をわかり合える人間になったほうが近道ではないでしょうか。

群れることから、成功は生まれない。群れることの無意味さに気づいた時、人は成功への道を歩き始めるのだと思います。㊎

「極端」こそわが命

世の中には選ばれるものと、選ばれないものがある。
そして人は誰でも、選ばれるものになりたがる。
しかし奇妙なことに、多くの人は
そのための戦略を欠いている。
「極端」は、選ばれる戦略の最大のキーワードだ。

僕にとって何より重要なのは「極端」であることだ。「極端」であれば、振り切れている。突き抜けたオリジナリティーを獲得している。だから、明快であり、新しい。

「極端」なものは既成概念から自由で、インパクトがあり、人を惹きつける。

では、どうすれば、「極端」なものを生み出せるか？　「中間」を憎み、極北を目指して圧倒的努力をするしかない。

圧倒的努力とは、とても単純である。人が寝ている時に寝ないってこと。人が休んでいる時に休まないってこと。そして、どこから手を付けていいかわからない膨大なものに、手を付け、最後までやり通すことだ。

僕は幻冬舎を、一九九三年十一月十二日に設立登記した。その頃オフィスは四谷の雑居ビルの一室にあり、電話とテーブルが十二月にやっと入ったばかりだった。その年末年始の休み中、僕は電車賃を節約するため、代々木の自宅から徒歩で出社し、毎日、作品を書いてもらいたい書き手五人に手紙を書いた。作家、ミュージシャン、スポーツ選手、女優……。これを十日間続け、都合五十人に手紙を出した。

五十人に手紙を出すのは、大変である。それもおざなりではなく、相手の心に突き刺さるものでなければならない。ベテラン作家ならたくさんの著作を読み返し、大物ミュージシャンなら多くのアルバムを聴き直さなければならない。一人につき便箋で七、八枚。もちろん、何回も書き直す。食事はコンビニ弁当で済ませて、朝九時から夜中の二時まで手紙を書いていた。自分は極端なことをやっている。その自負だけが僕を支えていた。

僕は、対人関係でも「極端」を心がけている。待ち合わせには、必ず三十分前に行く。その極端さが何かをスタートさせる。

恩返しはこちらの立場が危うくなるほど極端にする。そうでなければ、相手の心に響かないからだ。ほどほどの恩返しをされた時ほど白けることはない。中途半端な恩返しなら、しないほうがいい。恩返しほど人間力の差がつくものはない、と僕は信じている。

ちなみに僕は、恋愛も苦しい極端なものを好む。すぐにうまくいく恋愛など、モチベーションが上がらない。

気の抜けたサイダーのような恋など、したいとは思わない。㊙

インターネットほど人間の欲望や生態をそのまま映し出すものはありません。そしてネット業界で仕事をしていると、人は際立ったもの、極端なものを好むことを痛感します。検索エンジンを使えば、明確にずばり答えているサイトにたどり着き、ネット上でクリックされるリンクはエッジの効いた言葉を掲げています。僕たちは、極端なものを生み出すため、日々格闘しているとも言えます。

ウェブサイトでありふれたものはユーザーには見向きもされないのに、ネットには、なぜこれほど凡庸なサイトがあふれているのでしょうか？

それはネットを使えば、ほとんど何でも出来てしまうからです。最初は、何かに特化するつもりだったサイトの作り手が、作っているうちに、いろいろ出来ることに気が付く。あれもこれもと要素を詰め込むうちに構想が膨らみ、ユーザーが他のサイトも見ることが出来る状態にあることを忘れてしまう。そして最終的には「○○の総合ポータルサイトにしよう！」と言い出すのです。そんなケースを過去に何度見たかわかりません。

しかしそのサイトが理想どおりいくことはまずないでしょう。ユーザーはクリックひとつでネット上どこへでも飛べるのに、そのサイトに居続けなければならない理由はないからです。ネットでは既存のものよりも際立って優れているか、まだ誰も提供していないものでなければ存在意義がありません。僕は〝最高〟か〝最速〟しか生き残れないと思っています。この考えは、他のビジネスにも通じるのではないでしょうか。

渋谷にあるわが社の近くに、「イカセンター」という「イカの刺身」をメインにした料理店ができて、最近うちの社員の間で話題になっています。渋谷には既にいろんな料理を出す店があふれかえっていますが、そこに「イカの刺身」に特化したところが斬新で、何でも食べられるお店と比べると格段に存在感があります。「イカセンター」という、シンプルで極端なネーミングもすごくいい。

今、この分野はどのような状況にあるか、そこで際立つためには何をすればいいか。ビジネスではそんな相対的な視点から、魅力ある商品やサービスが生まれるのです。㊍

苦境こそ覚悟を決める
一番のチャンス

逆境は自分を磨く最大のチャンスである。
くぐり抜けることで度量は格段に大きくなる。
それはどんな訓練よりも、
潜在能力を引き出してくれる

最近、藤田君の自伝『渋谷ではたらく社長の告白』を読み返していて、とても身につまされるくだりがあった。

ネットバブルが崩壊して、株価が下がり、自社の評価がこれまでになく落ちた時、藤田君は英断を下す。

社員全員に、自分の持っていた株式を、無償で配ったのだ。そうすることで藤田君は、社員の士気向上をはかったのである。

ところが、それにより、株をもらって辞める社員が続出した。挙げ句は、すでに辞めた人からも、株を頂けないかと藤田君に直接メールで問い合わせてきたという。藤田君はこう書いている。

「私は失意の底で、返事もせずにそのメールを削除しました」

僕も、二〇一〇年おわりあたりから、MBO（経営陣による企業買収）の発表に絡《から》んだ不測の株騒動に巻き込まれ、かなりきつい日々を送っていたので、ここからくみ取れる藤田君の気持ちは、痛いほどよくわかる。

局面が悪くなると、エゴを剥《む》き出しにする人間が必ず出てくる。あまりの豹変《ひょうへん》ぶりに唖然《あぜん》とさせられることさえある。

こういう時、他人は勝手で酷薄なものだというやり場のない思いが、わいてくるものだ。

しかし、藤田君は、会社の不調を他人や世間のせいにせず、黙々と頑張りぬいた。だからこそ、サイバーエージェントは、再び躍進を遂げたのだ。

苦境に立たされると、人は腹を括《くく》り、覚悟ができる。腹を括るという行為は、長い人生の中で、一度きりのものではない。辛酸をなめると、そのたび、一つ覚悟ができる。その積み重ねが人間力を作り、ぶれない経営者を育てるのだ。

僕自身、今回のMBOは、まさに崖っぷちだった。これは、自分の未熟さが招いたにちがいない。「身から出た錆《さび》」「自分の不徳の致すところ」そう受け入れれば、覚悟も決まる。

泣きごとも恨みごとも、心の奥深くしまいこんで、すべてをわが身に引き受けると、しばらく忘れていた闘争心が、めらめらと燃え上がってきた。

苦境こそ覚悟を決める一番のチャンスなのだ。見

僕の逆境といえば、何といっても、ネットバブルが崩壊し、会社が買収されそうになった時。

僕は、親しく付き合っていた経営者に、突然、厳しい口調で買収を持ちかけられました。僕は、震え上がりました。その人は、それまで僕にプレゼントをくれたり、やさしい言葉をかけてくれたりしていたのです。

さらに頼りにしていた人に援助を断られ、自分より何枚も上手《うわて》な人達に囲まれ、どうすれば良いのかわからず、ビジネスというものの冷酷さを知ったものです。

あの時ほど、孤立無援というものをひしひしと感じたことはありません。僕のこれまでの人生における最低地点は、間違いなくあそこだったと思います。

そんな時、僕は楽天の三木谷社長に会う機会があり、次の四半期決算も良い結果は出せそうにないことをふと漏らしました。三木谷社長は、言いました。

「いいよ、そんなもの。中長期の経営を目指しているんだろ？　だったら、信念を貫けよ」

〝信念〟――、この単純明快な言葉に、僕はハッとしました。ずっと何かに振り回されている自分に気づかされたのです。

僕の信念は、「二十一世紀を代表する会社を作ること」。その信念をしっかり見据えていなかったため、まわりに翻弄《ほんろう》され、迷走していた――。僕は、一瞬にして初心に立ち返ることができました。

その時の苦境で、僕は腹を括りました。たったひとつ、これに命を懸けていると言えるほどのものを持つこと。それが信念の意味です。

信念を持っていると、どのようなトラブルに見舞われても、ドンと構えていられる。どこかから強いプレッシャーをかけられても、右往左往せず、「だから何なんだ?」とはねつけられます。

あの時二十八歳で、経営者としては赤ん坊だった自分を思うと、それからも苦労を重ね、三十代の終わりにさしかかった今は、多少腹が据《す》わったかなと思います。㊟藤

これほどの努力を、人は運という

「運がよかった」は、
謙遜《けんそん》でのみ使うべきだ。
断じて他人をこう評するべきではない。
その言葉は思考を停止させ、
努力を放棄させ、成長を止めてしまう。

何かのプロジェクトが成就した時、僕はよくこう思う。

「これだけの努力を僕はしたのだ」

僕はここに至るまでのさまざまな苦労を思い浮かべる。それらは当時とはちがい、うっすらと甘みを帯びている。

でも、このことを誰かにわかってもらおうとは思わない。僕は一人ひそかに、勝利の味をかみしめる。

その時、僕に対するこんな声が、どこからか聞こえてくる。

「あいつは、たまたま運がよかったのだ」

老舗大手出版社の人たちが多い。彼らは、ハンデを背負っている新しい出版社に成功されては困るのだ。

運やツキというものは、確かにある。しかし、運やツキはそう続くものではない。これは少しでも、ギャンブルに心得のある人ならわかることだ。

言うまでもなくビジネスには、持続性が必要だ。持続するからこそ利益が生まれ、組織が成り立つ。僕が運だけの男なら、とっくに運は尽き果て、この世界からいなくなっていただろう。

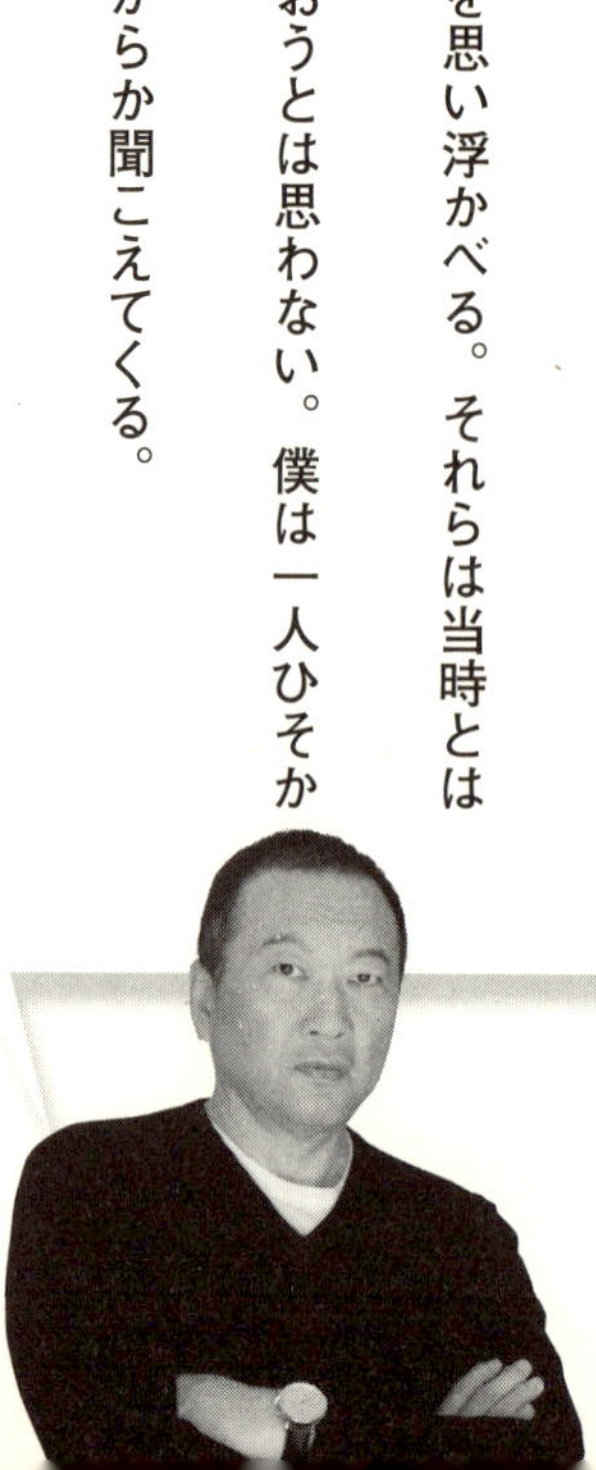

それにしても、なぜ人は、僕の努力の結実を運と言うのだろう？　単なる、やっかみだろうか？　僕は、長い間不思議でならなかった。そして、こう思うに至った。

彼らは、本当の努力をしたことがないのだ。

結局、人は自分のスケールでしか、物事をはかることができない。

圧倒的な努力は岩をも通す。

そのことを彼らは知らないのだ。

知らないなら、知らないで結構。仕事とは、つまるところ、競争である。多くの人がこのことを知り、圧倒的な努力を始めたら、僕とは差がつかなくなってしまう。

「あいつは、運がよかったのだ」

僕はそれに対して、「ありがとうございます。ラッキーでした」とだけ答える。そして、微笑しながら、心の中でこうつぶやく。

「運と言いたいなら言えばいい。ただ、俺は、あんたの百倍、血の滲《にじ》むような努力をしているよ」

見

「あいつは運がいい」

これを丁寧に言うと、「彼は先見性がある」になるのかもしれません。言葉が変わっても、つまりは偶然の結果だという意味なのでしょう。

「早くから、インターネットの広告に目を付けていたなんて、藤田社長は先見性がありますね」

この言葉を、僕は過去に何度も聞かされました。

しかし、当然ですが、僕に先のことを正確に見通せる力が備わっていた訳ではありません。

僕にあるのは、五年後、十年後、そして三十年後、こうなっていきたいというビジョン。そのビジョンから逆算して、今足りないことや、今後生じてくるであろう問題を、一つ一つ潰《つぶ》していく。三ヵ月に一度、役員合宿をし、中長期的な問題も徹底的にクリアにするのです。

ビジョンの実現のためには、短期的な利益を犠牲にすることも厭《いと》わないでやります。

例えば、今わが社の大きな柱となっている、ブログサービスをはじめとしたアメーバ事業も、立ち上げた当初五年間は、ずっと赤字でした。その間、本業から離れたベンチャーキャピタル業やＦＸ業（外国為替証拠金取引業）で利益を稼いできましたが、それらも偶然ではありません。最悪の場合を想定し、たくさん打っておいた手のうちのいくつかなのです。

ビジョンを実現するために、あらゆる角度からできる限りの手を打つ。そして歳月がたち、ビジョンが現実化すると、その努力をやっていない人からは「先見性」があったように見えるのです。つまり「先見性」の正体とは、実は物事を先送りせず、短期的に何かを犠牲にしてでも、努力してきた結果に過ぎないのではないでしょうか。

確かに、何百社に一社くらいは、運よくヒットを出すところもある。しかし、まぐれは一回限りのもの。それだけでは、ビジネスを持続できません。

結果は目に見えるけど、努力は見えないもの。他人が運がいいと思ったら、まずは自分の想像もつかないような努力をしている可能性について、考えてみるべきではないでしょうか。　藤

ピカソのキュビスム、
ランボーの武器商人

スタンダードを極めた人間にしか、
スタンダードを超えることはできない。
ひとつのビジネスに没頭し、
格闘した者だけに見えてくる全く新しい風景。
いきなり成功する
新しいビジネス・モデルなどあり得ない。

絵画を知らない人が、ピカソの絵を見ると、ピカソは、奇をてらって突飛なものばかり描いたように思うかもしれない。

しかし、ピカソの絵には、強固な基礎がある。実際、若いころは、写真と見まがうような精緻《せいち》なデッサンをたくさん描いている。

そして、歳を重ねるうち、作風が変化してゆき、キュビスムで大きく飛躍する。あのアブストラクトへの飛躍は、基礎があってこそのものだ。徹底して研鑽《けんさん》したからこそ、ピカソは絵画の新時代を切り開き、世界的な画家になれたのだ。

文学の世界では、十代で文学史を塗りかえる斬新な傑作をものした天才詩人、ランボー。

『地獄の季節』にしても『イリュミナシオン』にしても、幻覚の入り乱れたランボーの詩は、一読すると、訳のわからないものだ。

しかし、ランボーは、初期に美しい叙情詩をたくさん書いている。そのような古典との格闘があったからこそ、大きく飛躍しながら、「また見つかった、何が、永遠が、海と溶け合う太陽が。」とか「ああ、時よ、来い、陶酔の時よ、

来い。」（小林秀雄訳）といった、ひりつくほど悲痛な魂の詩句を書くことができた。さらに、二十代になると、弊履《へいり》のごとく詩作を捨て、アフリカに渡って武器商人になる。文学を極めた末の行為だからこそランボーは、輝かしい伝説と、人を惹きつけてやまぬ深い謎をまとうことになったのだ。

本当に斬新なものを作ったり、何かを変革したりしたいなら、スタンダード、オーソドキシー、クラシックといった基本と血を吐くような格闘をしなければならない。それを怠った、一見新しいものなど、しょせん鬼面人《きめんひと》を驚かすだけだ。

これはクリエイティブだけでなく、広くビジネス全般に当てはまることだ。僕は部下を見ていてよく思う。基礎と格闘している奴は、その時は時間がかかっても、いつか必ず結果を出す。基礎と格闘せず、早道を行こうとする奴は、たいてい失敗する。表面だけで、根本がないからだ。

突き抜けたことをしたいなら、基礎を徹底的に学ぶことだ。

基本を越えるには、格闘しながら基本を極めるしかない。㊑

大学時代僕は、フリーペーパーに広告を載せる営業のアルバイトを本格的にやりました。将来起業し経営者になるためには、大学で授業を受けるより、実際に下積みをしたほうが身になると思ったからです。

アルバイトなので、歩合給ではなく時給です。サボろうと思えばいくらでもサボれる。でも、僕は一日百軒ほどまわり続けました。そうするうち、営業に必要なビジネスマンとしての基礎は徐々につちかわれていったのです。

大学を卒業し、人材関連企業に就職してからの一年もまた、よく働いた。帰宅は毎日終電ギリギリ、土日もほとんど出社しました。

僕はビジネスの基礎を徹底的に吸収したかった。がむしゃらに働くことは、将来の起業への先行投資と考えていました。

入社してすぐ、新人研修が三週間ありました。名刺の渡し方、タクシーの乗り方といったビジネスマナーを教え込まれるのです。働きたくてウズウズしている当時の僕にとって、これは歯痒《はがゆ》いものでした。でも後で考えると、とても有意義だったと思います。学生起業家、つまり学生時代に会社をおこし、そのまま経営者になったような人は、驚くほど社会常識を欠いていることがある。そういう人は、その都度自分で一つ一つ覚えていかなければなりません。本人の気づかない、意外なところでつまずくことも多く、挽回《ばんかい》するにはすごく時間がかかる。遠回りを避ける意味でも、一般企業に就職して基礎を学んでおいてよかったと思います。

ネットビジネスは、奇抜でユニークな発想ばかり求められるようなイメージがありますが、実際はそうではありません。ビジネスマンとしての基礎がないまま行って成功するほど甘くありません。

ネット業界の若い人が、ごく稀《まれ》にある成功ケースを夢見て、自分の発想がいきなり大ヒットを生むのではないかと淡い期待を抱きますが、もちろん大半は失敗します。また、大企業の年配の経営者たちが、ネットビジネスは若者の活躍の場だろうと、しばしば無責任に若い社員に丸投げしますが、それでは成功は難しいのです。

若いピカソが写真と見間違うような基礎的な絵をたくさん描いていたのは、このテーマを裏付けるわかり易い話ですね。㊟藤

ふもとの太った豚になるな
頂上で凍え死ぬ豹になれ

ふつう、満足や安定は、生の最高の状態、
幸福の類義語と考えられている。
しかし、ビジネスでは死を意味する。
その逆説を理解する者だけが、勝者になれる。

ヘミングウェイの有名な短編、『キリマンジャロの雪』の冒頭のエピグラフに、こんな一節がある。

「キリマンジャロは、高さ一九、七一〇フィートの、雪におおわれた山で、アフリカ第一の高峰だといわれる。その西の頂はマサイ語で、〝神の家〟と呼ばれ、その西の山頂のすぐそばには、ひからびて凍りついた一頭の豹の屍《しかばね》が横たわっている。そんな高いところまで、その豹が何を求めて来たのか、今まで誰も説明したものがいない」（龍口直太郎訳）

僕は、頂上で凍え死ぬ豹になりたいと、いつも思っている。頂上を目指し、そこに到達して死ねたら本望ではないか。ぬくぬくと飼いならされたふもとの太った豚にはなりたくない。

幻冬舎文庫を立ち上げたのは、一九九七年。文庫は、ストックビジネスである。それまでのコンテンツの蓄積があって、はじめて可能になる。常識的に考えて、十年はかかる。しかし、僕は起業四年目で、文庫を立ち上げた。

僕たちより前に大手出版社で文庫を創刊したのは、その時から十二年前の光文社だった。光文社のスタートは、三十一冊。僕は単純にその倍の、

六十二冊でスタートさせた。挑戦者はそれぐらいふてぶてしくてちょうどいい。

創業した時のように、新聞に全面広告を出した。コピーは、「新しく出ていく者が無謀をやらなくて、一体何が変わるだろうか?」。これは、その時の僕の正直な気持ちを、そのまま謳《うた》ったものだ。そこに、ランボーの『地獄の季節』の一節、「俺達の舟は、動かぬ霧の中を、纜《ともづな》を解いて、悲惨の港を目指し——」をイメージした、荒海に小船が乗り出していくイラストを付けた。

文庫を出す時も、創業の時と同じく周囲には強い反対があった。でも僕は、ふもとの豚にはなりたくなかった。

ちなみに、大手出版社には、何十人も部員のいる宣伝部があるが、幻冬舎にはない。宣伝部員は僕一人で、広告代理店と交渉し、メディアを決め、どんな広告にするかイメージし、コピーも手掛ける。キャラクターが必要なら自分で選び、交渉する。

宣伝だけは誰にも任せない。最初からそう決めていた。

それは僕が、本を売るセンスに誰よりも自信があるからだ。㊌

ユニクロの柳井正社長が、会社経営においては、会社も個人も成長しなければ死んだも同然だということを本に書かれていました。すごく過激な言葉だけど、安定を求める会社はたいてい衰退してしまうというのは事実です。

立ち止まったら終わりなのは、世界が常に変化し、動いているからです。歩みをやめた者は、自分では止まっているだけのつもりでも置いていかれてしまう。大げさに聞こえるかもしれませんが、ネット業界のようなスピーディーな世界に身を置く者としては、これを日々実感します。

そんな環境にいる僕は、時たま、どこまでやるのだろうという不安にかられることもあります。

たとえば、「今年が早く終わらないかなぁ」と思ったりします。一年の業務目標を達成するには、あとどれぐらい集中力を切らすことなく、頑張り続けなければならないかを考えると、大変さを想像できてしまうのです。

しかし、これはぜいたくな悩みといえる。会社の舵取りは、実は成長しているほうがしやすいからです。

すべてがいい回転で動いているからこそ、経営者も集中できるし、頑張れる。そして、それがまたいい回転を生む。ポジティブな力がスパイラルになり、それを推進力に会社が動いていくのです。

逆に、安定を求めはじめると回転が悪くなる。経営者の集中力が切れ、「これぐらいでいいか」という妥協が生まれる。そうなると、会社はどんどん衰退してしまう。

努力して、成長し続けている会社は、外から見ると、安定しているように見えるものです。でも、それは錯覚にすぎません。静止して見える独楽《こま》が、実際は素早く回っているようなものです。

少なくともビジネスにおいて、言葉通りの安定はないのだと思います。（藤）

憂鬱でなければ、仕事じゃない

憂鬱を好む人間などいない。
しかし一方で、憂鬱は大きな反発力を生む。
それに気づいた時、
憂鬱は間違いなく
仕事の糧《かて》となる。

僕は、朝起きると、必ず手帳を開く。自分が今、抱えている仕事を確認するためだ。そして、憂鬱なことが三つ以上ないと、かえって不安になる。

ふつう人は、憂鬱なこと、つまり辛いことや苦しいことを避ける。だからこそ、あえてそちらへ向かえば、結果はついてくるのだ。

楽な仕事など、大した成果は得られない。憂鬱こそが、黄金を生む。

マルクスは、人間を受苦的存在と規定した。ドイツ語で受苦とはパッション、つまり、情熱を意味する。苦難と情熱はワンセットなのだ。人間は苦しいから、情熱を感じ、それを乗り越えてゆけるということである。

これは人生の局面でも言える。

大きな分岐点に立たされた時、人は、くよくよ考える。僕は、この時間が何より嬉しい。いや、嬉しいと思うしかない。

悩むことは、もとより憂鬱である。そして、おのずと限界がある。それを越えるためには、「暗闇の中でジャンプ」するしかない。

暗闇の中でジャンプするのは、とても怖いことだ。自分が今立っているのは、切り立った崖の端かもしれない。しかし、未知のステージや世界に飛び

込むからこそ、前進がある。人生とは暗闇の中のジャンプの連続なのだ。「迷った時は、やめておく」という人がいるが、僕はそれとは正反対だ。「迷った時は、前に出ろ」これが僕の信条だ。迷った時こそ、大きなチャンスだ。迷わないものは結果が小さい。

僕にとって、最大のリスクを背負った賭けは、四十二歳の時、角川書店を退社し、幻冬舎を立ち上げたことだ。僕は編集以外、何も知らない人間だ。広告も紙も印刷も営業も、ましてや経理など知るよしもない。

おまけに僕には、貯金は一銭もなかった。角川書店時代、経費だけでは足りず、給料は食事代など、交際費に消えていた。

当時僕は、出版界では有名人だった。ほかの大きな出版社に行き、それなりの地位を得ることもできただろう。実際、いくつか誘いはあった。しかし僕は、そうしなかった。

憂鬱を抱え、暗闇の中で、力いっぱいジャンプしたのだ。（見）

以前、「憂鬱でなければ、仕事じゃない」という見城さんの言葉を、ツイッターに書き込んだところ、大きな反響がありました。仕事は、憂鬱だからこそ意義があるというのは、多くの人の励みになったようです。

僕自身の人生を振り返っても、自分が成長したと感じられた時は、大抵たくさんの憂鬱が付きまとっていました。

大事な社員が辞めた時、業績を下方修正した時、初めてテレビに出演した時、大人数の前で講演した時……。

初めての仕事に挑戦する時にはいつも憂鬱を感じますが、それを乗り越える度に新しい「経験」を手に入れることができます。それがキャリアになって、人は成長していくのです。既に経験のあることばかりやっていたら、安心して仕事を進められるけれど、自分の成長する機会を失っているのかもしれません。

僕の行っているネットビジネスもまた、ある意味で憂鬱な仕事だと言えます。歴史が浅いため、常に先が見えず手探りだからです。

現場にいる人は、いろいろなものを試したり、損をしたりしながら、ようやく光を見つける。悩みや苦しみ、痛みを感じながら仕事をする。そのような暗中模索にだけ、価値のある世界なのです。

ネットビジネスはいろいろな可能性が考えられるので、あれこれアイディアを考えて妄想するのはとても楽しいことです。しかし、アイディア自体はネットを通じてあっという間に広まってしまうので、それほどの価値はありません。

また、先行きの見えない世界では、誰でも何とでも好きなことが言えます。

ネット業界は評論家のような人も多いですが、彼らが何かを変えられる訳ではありません。結局、楽な仕事がそれほどの価値を生み出す訳ではない。信念や執着心が大きな価値を生むのです。

アイディアを考えるだけだったり、外から批判や評論をしたりしているだけでは、大したものは得られません。

先が見えず不安で憂鬱な日々を乗り越えて前に進む人にだけ、新しい価値ある何かを生み出すことができるのです。㊧藤

第三章 人心を摑む

切らして渡せなかった名刺は
速達で送れ

一期《いちご》一会《いちえ》という、
人の出合いに関する
極めて日本人的な感覚。
これをビジネスで生かす技術を身につけよう。
それはまた、したたかな戦略的思考に
基づくものでもある。

例えばレストランの個室、あるいは自分の会社の応接室でもいい。僕は、初対面の人が部屋に入ってくると、その人が、僕の半分程の年齢であっても、必ず立ち上がって挨拶をする。それは、僕が部屋に入って行った時、そこにいた人が座ったままだと、「この人は、僕と真剣に付き合う気がないな」と思ってしまうからだ。

僕は、初対面の人と会う約束があると、そこへ必ず三十分前に行く。人を待たせるのが嫌だからだ。それが僕の流儀である。

気心が知れた相手だったら誤解は生じない。初対面だからこそ、心配りが重要になってくる。初対面のために礼儀はあるのだと思っている。

また僕は、たとえ相手が知り合いになりたくない人であっても、名刺をもらってしまったら、必ず渡す。そうしなければ、何か負い目があるようで、気持ち悪くてしようがない。

でも、たまに、名刺を切らしてしまうことがある。そういう時は、おわびの手紙を添えて速達で送るようにしている。失礼だったと思うからだ。

以前、あるメディア関係の若いプロデューサー達と会食した時のこと。中

の一人が、名刺を切らしていた。なのに、少しも悪びれる様子がない。

僕は、自分が名刺を切らしていた時は、どのようにするかを言い、手紙を添えたり、速達にしたりすることはないから、ただ名刺だけを送ってくれるように頼んだ。事情は省略するが、近いうちに、その人が僕を必要とする日が来るような気がしたからだ。ところが、待てど暮らせど名刺は送られてこない。結局、来ることはなかった。

それから数ヵ月後、やはり僕の勘は当たった。その人は、僕にあることを頼みに来たのだ。そこで僕が何を言い、頼まれごとをどうしたかは、読者のご想像にお任せしよう。

たかが名刺一枚と言い給うことなかれ。名刺交換は初対面同士の最初の儀式。名刺一枚を渡すその瞬間に、その人の、人となりがわかるものなのだ。どんなに腰を低くして渡しても、そこに心が入っていなければ、すぐに見破られる。僕は初対面の相手に名刺を渡す時、何より心を込める。繰り返すが、初対面だからこそ礼儀は重要なのだ。

一枚の名刺を笑う者は、大きな仕事に泣く。㊙

名刺に関して、僕はあえて見城さんと逆の意見を述べてみたいと思います。

若いビジネスマンの間では、名刺の果たす役割が縮小してきていると思う。なぜなら、名前や会社の電話番号はネットで検索すれば出てくるし、今はツイッターやSNS、ブログなど、いくらでもネットで通信手段があるからです。

昔のように、名刺に書かれた連絡先をアドレス帳に書きうつすこともなくなった。仕事で知り合った人を名刺フォルダだけで管理している人も減ってきています。名刺に、かつてのような存在価値がなくなってきているのではないでしょうか。

名刺はその人の分身であり、大事なものなのだから、丁寧にあつかいなさい。頂いた名刺は対面している間、テーブルの上に置いておきなさい——僕が新人研修の時に教えられたこのような常識は、もはや前時代のものになりつつあります。

若いビジネスマンでも、名刺交換の時、非常に恐縮しながら低い位置に差し出す人がたまにいる。相手が見城さんのような人であれば、そのほうが良いでしょう。でも僕に対してやっても、感心はしません。型にはまった、つまらないやつだなと思ってしまうかもしれません。

名刺の価値観は、世代によってはっきりと違います。今はまさに過渡期なのだと思います。

これはある意味でとても怖いことです。自分たちの価値観が年長者には通じないことが、しばしば起こりうる。若いビジネスマンは、相手を見て、臨機応変に対応しなければなりません。

その、大変難易度の高い対応に自信がまだない人は、ひとまず年長者に合わせるべきでしょう。

実際、僕のまわりにも、見城さんや、芸能界のトップの人たちのように、名刺一枚にも、すごく厳しい人たちがいます。そういう人たちにはじめて会い、名刺交換の時はとても緊張します。そこでしくじると、背筋も凍るような思いをしかねないのですから。㊕

天気の話でコミュニケーションを図る
ホテルマンは最低である

結局、人を動かすのは言葉である。
何気なく、つい無造作に交わしている会話に
敏感になること、
それが有能なビジネスマンになるための第一歩だ。

僕には都内にいくつか、よく利用するホテルがある。それらのホテルでホテルマンたちは、何くれとなく、僕に話しかけてくる。

一番多いのは、天気の話。

「今日は風が強いですね」

「やっと暖かくなりましたね」

このように話しかけられると、僕はいつも心の中でこうつぶやく。

「それがどうした」そんなことは周知の事実ではないか。

いかなる人が発したものであれ、表面的で心のない言葉に、僕は苛立《いらだ》ちを覚える。ましてや彼らの仕事は、サービス業である。サービスとは、もっと真摯《しんし》なものであるはずではないか。天気の話をするなら声をかけないほうがいい。

先だって、いつも天気のことを言ってくる、あるホテルのドアマンに、とうとう言った。

「君ねえ、何かほかに言いようがあるだろ。〝客に天気の話をするのは、最低のホテルマンである〟っていう有名な格言がドイツにあるように、天気の

話ほど安易なコミュニケーションはないんだよ」

格言のくだりは、その場で思いついた、でたらめである。

天気の話をあいさつ代わりにすることは、日本人にとって、一種の習慣である。でも、これほど、安直なコミュニケーションの取り方もないのではないか？　雨が降っている時に、「雨が降っていますね」と話しかけられても、面倒なだけだ。

コミュニケーションの基本は、相手の心に触れることである。ホテルマンたちも、心からのホスピタリティを客に抱いていたなら、まったく違う言葉を僕にかけるにちがいない。たとえば、「今日のネクタイは初めてですが、素敵ですね」とか、「この前出られていたテレビ、とても面白かったです」とか。そうした言葉は、おざなりではない観察や、心遣いといった、何らかの身を削る努力から生まれるものだ。努力は基本的に自分を傷《いた》める。だからこそ相手の心を打つ。

対人関係における努力とは、つまるところ、サービスである。

そこで僕は、体を差し出し、自分を傷め、目一杯身をよじる。見

見城さんの言動の特徴は、二つある気がします。

一つは、表面的なことを嫌うこと。

もうひとつは、凡庸なことを嫌うこと。

「天気の話でコミュニケーションを取ろうとするな」という言葉は、見城さんの人柄と仕事のしかたを、実によく表していると思います。

会話の時、何を言えばいいか、何を返せばいいかを考えている常に真剣勝負の人間にとって、天気の話は疲れるだけですから。

表面的なことしか言わず、腹の中で何を思っているのかわからない人がいる。そういう人と話していると、その時は、友好的な関係を結べているような気になりますが、結局時間の無駄だったり、それどころか、後々裏切られたような気持ちにさせられることもある。

ある時から、何が本当で何が嘘かわからないような人との付き合いは、なるべく避けるようになりました。

でも、そう振る舞うことは、口で言うほどたやすくはありません。

僕自身、子供の頃や二十代の時は、まわりと適当に折り合いをつけたり、群れたりしながら生きていました。そうしながら、僕は違和感をおぼえていた。中途半端な自分が、どことなく嫌でした。

そのような違和感がしだいに発展し、「二十一世紀を代表する会社を創る」という目標を僕に抱かせ、実際に会社を立ち上げさせた面もあると思います。

見城さんは、表面的なことは無意味であることを、はっきり僕に教えてくれた、初めての人でした。見城さんにそう言われた時、ハッと目が覚めると同時に、何か救われたような気持ちがしたのを覚えています。

見城さんもそうですが、仕事のできる人のコミュニケーションは、たいてい直接的です。単刀直入に、言いたいことをズバズバ言う。

僕は、人とかかわる時、率直で自然体でいることを心がけていますが、そうすれば、人間関係がすっきりして、仕事の見通しがよく利くようになるからなのです。藤

行く気がないのに、
今度、飯でもと誘うな

期待と落胆の繰り返し、それが人生である。
人は裏切られるたび、期待を薄れさせてゆく。
そのような干からびた期待にこたえることは、
相手にとって奇跡に等しい。

行く気がないのに、今度、飯でもと誘うな

「今度、飯でも行きましょう」
このセリフを、人はよく社交辞令として言う。言われたほうも、受け流すことが多いだろう。もちろん、この人と飯を食う時間はないな、と思う相手もいる。しかし僕は、つい言ってしまって、そのまま連絡しない人を信用しない。こんな奴と、誰が仕事するものかという気にさせられる。

僕は、誰かを飯に誘うと、そのことを手帳に書きとめる。そして、時を置かず連絡し、たとえ何ヵ月のちになっても、必ず実行する。

会合などがあると、真っ先に僕の所に飛んできて挨拶してくれる、某アパレル・メーカーの二代目若社長がいる。ある時、彼はたまたま、出くわしたレストランで、頼んでもいないのに僕にこう言った。

「今度、うちの出しているブランドの服を十着ぐらい、見城さんにお送りしますよ」

サイズまで聞いたのに、それから三年たっても、何も送られてこない。どうやら彼は、クラブのホステスをはじめとして、誰に対しても同じことを言っているらしかった。

最近、三年前に彼と同席していた人と食事をした折に、その話になった。

「実行するつもりがないなら、言わなければいいのに」

それが伝わったのか、しばらくして、唐突に商品が届いた。セーターとポロシャツの二着だけ。しかも、そこに添えられた短いメモのような手紙は、本人ではなく、秘書のしたためたものだった。僕は、がっかりした。心がないとはこのことだ。

せめて、たった三行の添え書きぐらい、自分で書けばいいものを。そうすれば、三年後に届いたものであろうと、僕は彼を微笑ましく思っただろう。

一度口に出したことは、必ず実行しなければならない。クラブのホステスに対しても同様である。

あらゆる人間関係は、信頼で成り立っているのだ。

守られなかった約束とは、ただの嘘である。軽々しく、守れない約束をする人は、そのたびに信用をなくしていると思え。

たとえ、それまで信頼を築いていたとしても、たった一度の反故《ほご》で、失ってしまうことさえあるのだ。㊎

一般的に、「今度、飯でも行きましょう」という言葉は、しばしば締めの文句として使われます。

「さようなら」ではなんとなく冷たいので、つい言ってしまうことが多いのかもしれません。

でも、形ばかりの文句かと言えば、そうとは言えない。言われた人の中には本気にし、期待する人や、どうやって断ろうかと考える人もいるでしょう。

僕自身の経験から言って、言葉の軽い人との付き合いはつらい。本気かそうでないか、いちいち考えなければならないから。そして、本気ではないとわかると、その人を見る目も違ってしまう。

「今度、飯でも行きましょう」

これを約束として必ず実行する見城さんは、素晴らしいと思う。正直言って僕の知っている人では、見城さんしかいません。

約束を果たしてもらった人は、おそらくこう思うことでしょう。

「こんな、だれも守らないようなことを律儀に守る見城さんは、とても信頼できる人だ。どんな約束も守ってくれるにちがいない」

そこまで考えての行いかどうかは知りませんが、相手の信用を得る方法としては、実に効果的であることは間違いないでしょう。

とはいえ、見城さんのような覚悟のある人は別にして、「今度、飯でも行きましょう」は、やはり極力控えるべきではないでしょうか。

守る気がない軽い約束を、いつも言っている人は信頼を少しずつ失っているのです。大事な約束も、口先だけで守らないのでは、と疑念を抱かせてしまいます。

普段、何気なく言っている言葉でも、実はかなり〝損〟につながるものもある。

守られない約束を空手形と言ったりしますが、あまり連発すると、最後は破産してしまうにちがいありません。 藤

初対面の相手と、カラオケには行くな

習慣は第二の天性と言われるほど、
人の内側に深く食い込んでいる。
それをやめるのは、たやすいことではない。
しかし、その向こうには、
未知の自由な世界が広がっている。

はじめて会った仕事関係の人と食事に行き、そのあと、どこかへ行こうという話になった時、相手がこう誘うことがある。

「カラオケでも行きませんか?」

僕は、これを言う人の神経を疑う。

カラオケなど、しょせん時間つぶしにすぎない。お互い、ない時間を割《さ》いて会っているのに、なぜ貴重な時間をわざわざ空費しなければならないのか?

まだ互いをよく知らない人間と、カラオケに行くなど、愚の骨頂だ。聴きたくもない歌を歌い合い、お決まりの拍手をし合って、どうなるというのだろう?

とくに編集者は、相手の作品について語らなければならない。作家なら、作品をきちんと読みこんで批評し、作家自身が気づいていないことを指摘する。歌手ならアルバムを聴きまくって感想を言い、女優ならできる限り出演作を見て、そこでの演技の話をすべきである。会社の取引相手でも同じことだ。努力すれば、話はいくらでもつくれる。

ただ友達になろうというのではないのだ。この人と付き合ったら刺激を受ける、新しいステージに行ける、面白い仕事ができると、相手に思わせなければならない。

また、食事の後の定番として、銀座の高級クラブに行く人も多いが、これも「もったいないな」と僕は思う。

食事をしながら話をし、せっかく心が通い始めたのに、そのあと、なぜ通じ合った気を、隣のホステスに向け、殺《そ》がなければならないのか？

女の子に気を遣い、自分たちの話をできなくして、しかも座っただけで一人五万円も取られる。これほど馬鹿げた浪費もない。僕はホステスが付く高級クラブは気心の知れた相手としか行かない。

相手の心を摑《つか》みたいなら、初対面でカラオケや高級クラブに行くべきではない。

相手とじかに向き合う正面突破こそが、大きな実りを生む。㊮

僕は社員と飲みに行く機会を多く作っています。お酒を飲みながら話をすることで、社員が今どんな仕事をしているのか、将来どんな仕事をしたいと思っているのか聞けるからです。

その一方で、ある部署の活性化のため、毎月達成率一位で好調なチームの打ち上げに参加していましたが、それをつい最近止めました。

理由は、打ち上げで久しぶりに会う社員も多いのに、カラオケばかりで盛り上がってしまい、ゆっくり話ができないからです。

話す機会も多く、普段からコミュニケーション量が多い社員同士であれば、カラオケに行ってもいいでしょう。

でも、社員と飲む機会を作っているのは、単に仲良く飲んで盛り上がりたいからではありません。ゆっくり語る場を設け、どんな人材がいるのか把握することで、適正な人事配置をしたり、抜擢《ばってき》できる人材を見つけたりしたいからです。今、社員が何を考え、何に悩み、どういう将来像を胸に抱いているのか、できるだけ知りたいのです。

そう思い、代わりに「語る会」という飲み会を開催することにしました。

○○年入社の女性営業社員、新規事業立ち上げの部署、三ヵ月以内に入社した中途採用社員、といったように毎回コンセプトを変えて、普段あまり交流がない、最近どんな仕事をしているのか気になる社員を誘うようにしています。

じっくり話すことで、社員の意外な一面が見えたり、思いもよらなかった適性に気がついたりすることがあります。

新規事業をやりたいと熱く語っていれば、いつか子会社を任せてもいいなと思うかもしれません。こういう機会を逃さず、希望を伝えてくる社員は強いです。僕の立場から見れば、自己主張してくる人は「やる気がある」と映ります。

僕は、「よく社員一人ひとりのことを把握していますね」と言われることが多い。それはこうやって直接語り合ったり、社員のブログを見たり、地道な積み重ねの結果なのです。㊖

刺激しなければ、相手の心は摑めない

人は、自分に新しい発見を
もたらしてくれるものに貪欲《どんよく》である。
相手に「おや？」と思わせる、
ひっかかりのある言葉。
それはたった一言でも、
自己アピールの何万語より勝る。

刺激しなければ、相手の心は摑めない

僕の所へ、毎日、たくさんの売り込みの手紙やメールがくる。中には、誰もが知っている著名人のものもある。

しかし、僕の心を動かす手紙やメールは、ほとんどない。

なぜか？

たいてい、自分のことしか書いていないからである。自分はどういう仕事をしているとか、今、私はスペインにいるとか……。

相手の心を摑むためには、まず相手のことを知り、そこをとば口にしなければならない。

自分ではなく、相手のことを言う。これが難攻不落の相手とコミュニケーションを取る際の基本である。

作家の心を摑むのも、同様である。ただし、それ相応の努力が必要だ。

角川書店に入社してすぐ、五木寛之さんと仕事をしたいと熱望し、作品が発表されるたびに手紙を書いた。小説だけではない。短いエッセイや対談でも、掲載されたものを必ず見つけて、感想をしたためた。

当時の角川書店は、講談社や新潮社、文藝春秋といった一流出版社より格

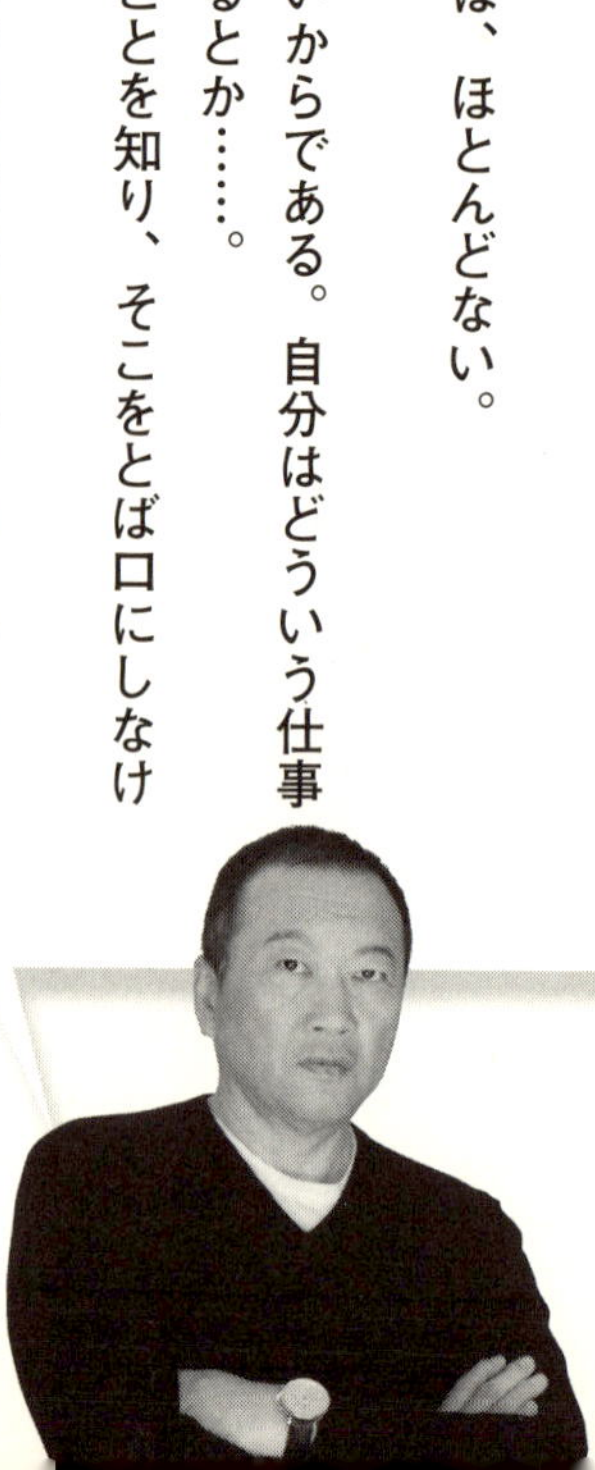

下に見られ、有名作家にはなかなか執筆してもらえなかった。

作家に手紙を書くのは、思いのほか大変なことだ。おべっかではいけない。かといって、単なる批判になってもいけない。本人すら気づいていないような急所をつきつつ、相手の刺激になるようなことを書かなければならない。

初めのうちは、返事がなかったが、十七通目でようやく返事が来た。

「いつもよく読んでくれて本当にありがとう。いずれお会いしましょう」

奥さまの代筆だった。

僕は嬉しさの余り、その葉書を持って編集部を走り廻った。

その後、二十五通目の手紙で、ようやく会っていただけた。

そして初めて会ったその日、自分の所属する文芸誌「野性時代」に、『燃える秋』の連載を承諾していただいた。『燃える秋』は、その後単行本になって映画化もされ、大ベストセラーになった。

「幻冬舎」の名付け親も五木寛之さんである。三百万部の大ロングセラー『大河の一滴』もその手紙から生まれたのである。(見)

初対面で、いきなり長々と自己紹介をするべきではないと思います。相手が自分に興味を持っていることなんて、滅多にありません。そもそも、自己紹介の必要な相手が、興味を持っているわけがない。興味があったら、すでに自分のことを知っているはずでしょう。

僕に初めて会う人で、自分が何者なのかということを、一生懸命準備して、説明する人が結構います。顔を合わせてから四、五十分、ずっと一人で、自分のことばかり話している。

僕は苦痛を感じながら、ただ黙って聞くしかありません。本当は、話を切り上げたいけれど、変に口をはさむと何だか失礼だし、その人に興味を持ったように思われるのも何となく嫌なのです。

講演会などに行くと、大勢の人と名刺交換をします。その時、ほとんどの人が、名刺を渡す際、一言自己紹介をなさいます。

でも、そんな一言を覚えているのは無理だというのは、名刺交換の行列を見てもらえばわかると思います。

ごくまれに、すごく印象的な一言を言う人がいる。その人は、僕のことを

よく知っているようなことを言う。たとえば、

「秘書の◯◯さんと、友達なんですよ」

何気ないけどこんな一言があると、その人に興味を持つかもしれません。

要は、ハッとさせられるような一言を言えるか。それも自分ではなく、相手のことで。

仕事で会う相手も、基本的には同じです。

うまい人は、いきなり興味を惹く話を持ちかけてくる。こちらは身を乗り出して聞いてしまう。

そして、「この人は何者だろう？　どんなバックボーンなのだろう？　信用して大丈夫だろうか？」と関心を持ち始めた時、初めて自己紹介を始めるのです。

つまり、自己紹介には、タイミングがあるということ。初対面の相手に関心を持ってもらうには、相手の立場に立った工夫が必要です。藤

第四章 人を動かす

頼みごと百対一の法則

人から何かを頼まれた時は、
できる限り引き受けるべきだ。
そのほうが距離が一気に縮まっていく。
こちらの意向も、通じやすくなる。
引き受けるのに足る人だったかどうかは、
いずれ答えが出る。

編集者の仕事は、作家、ミュージシャン、芸能人などの、知遇を得ることから始まることが多い。僕は、仕事をしたい人物がいると、その人の全作品について、僕なりの感想をしたため、手紙を送る。もはや手紙とは言えないような、おびただしい枚数になることもある。相手によっては、怪《け》訝《げん》に思われることもある。でも、それでいい。誠意はいつか、必ず通じるからだ。

小さな苦しい努力の積み重ねが、やがて大きな仕事となって結実する。身を粉にして相手に尽くし、それを自分の喜びとすれば、いつか相手も応えてくれる。僕はこれを「百対一」の法則と呼んでいる。

手の内を明かすようで、少々はばかられるが、まあいい。何事も振り切らないのは、僕の主義に反する。

仕事の相手は、僕にさまざまな「お願い」をしてくる。「あの人に会わせてほしい」「ウチの商品を、そちらが出している雑誌に載せてくれ」「コンサートのチケット、なんとかならない？」という比較的簡単なものから「お金を貸してくれないか」「子供を○○大学の初等科に入れたいんだけど」「息子をあの大企業になんとか就職させてほしい」という難しいものまでさまざまであ

る。

僕は、「この人は」と思う人の「お願い」は、たいてい聞くことにしている。「お願い」は、こちらが苦労するようなものであればあるほどいい。中には、ほとんど不可能と思えるものもある。それでも僕は、引き受ける。受ける「お願い」は、こちらが苦しいものでないと、意味がない。難しいことを実現してこそ、頼まれた僕の存在意義が生まれるからだ。

それから僕の圧倒的努力が始まる。正直、面倒臭いなあ、とそのたびに思う。しかし、その人の喜ぶ姿を思い浮かべると、自然に身体が動く。

結果として僕は、相手に貸しを作る。その貸しが、百になった時、僕はその人に、ようやく一つ「お願い」をする。それは僕にとってはビッグ・ビジネスを実現するために譲れない「お願い」である。こちらがしたこれまでの苦労は、十分伝わっているので、相手は必ずそれを実現しようと努力してくれる。

僕の手がけたさまざまなベストセラーは、このようにして生まれた。(見)

仕事は人間がする以上、気持ちの上での「貸し借り」があります。つまり、仕事上の人間関係は、「貸し」と「借り」のバランスで成り立っている。小手先で仕事をしていると、その見極めがおろそかになりやすい。

僕は、若いビジネスマンに明らかに欠けているのは、この「貸し借り」という意識だと思います。

たとえば、お世話になった会社への義理や恩といった「借り」を踏み倒すような辞め方をする人がいます。でも、その人にはその後の人生で必ずツケが回ってくるでしょう。

ビジネスの世界だからと、急にドライで合理主義的になる人もいますが、ビジネス社会はやはり人間社会です。どこまでも人間的な感情がついてきます。

「貸し借り」という発想は、感情という目に見えないものを測る上での、便利な物差しになると思います。実際、仕事をしてゆく上で、「貸し借り」のバランスを頭に置き、測っていくのはとても大事なことです。

逆に、つまずくのは、「貸し借り」のバランスを考えていなかったり、測りそこなっていたりする場合が多い。

僕の実感から言って、メディア界や芸能界には「貸し借り」に敏感な人がとても多い。逆に、若手が多いネット業界は、鈍い人が多い。

ネット業界の人たちには、根っからこの感覚がないのでしょうか？　決して、そんなことはないと思います。たとえば、誕生日プレゼントをもらったのに、その人の誕生日に何もあげないと、気持ち悪い。この感じは、人間なら誰もが持つものでしょう。

プライベートでは当たり前の感覚を、ビジネスでなかなか持てないのは、そのようなことに敏感だったり、口うるさく言ったりする年長者が、ネット業界には少ないからかもしれません。

「貸し借り」の感覚は、意識しさえすればかなり容易に持つことができます。それだけで、仕事の進み具合は、大きく違ってくるはずです。（藤）

無償の行為こそが
最大の利益を生み出す

何の報《むく》いも期待されず、
何かを与えられた者は、どう思うだろう？
何としても相手に多く返したいと思うにちがいない。
そこに人を動かす力の本質がある。

僕の知り合いに、在京テレビ・キー局の専務だった人がいる。その人は、あることがきっかけで、パラシュート的に、某地方局に赴任《ふにん》することになった。

その人の心中《しんちゅう》は、察するに余りある。これまでは多くの人々が彼のまわりに集まり、甘い言葉をかけたり、もてなしたりしていたにちがいない。そうした人たちは、彼が地方局に赴任したとたん、ぱったりと何も言ってこなくなった。人間とは、つくづく現金《げんきん》なものだ。

僕は彼らと同類とみられるのが嫌で、スケジュールの合間を縫って、年に四回彼のところに通い続けた。遠いところだったので結構大変だった。

その時、僕に何か目論見《もくろみ》があったわけではない。単に意地から、そうしただけである。何より、その人が大好きだったということもある。

しかし結果的に、この僕の行為は、仕事の面でとても有益なものになった。善意は思わぬ形で実を結ぶ。

その地方局の昼の情報番組で、うちの出した本を紹介していただけるようになったのだ。ある時など、三十分も本を取り上げてくれた。その地方と他

では、本の売り上げに、格段の差が付いているほどである。

勿論、地方局では出演不可能なビッグな著者の生出演付きだから、その番組にとっても大きなメリットがあったと思う。

僕自身もまた、さまざまな苦境を体験している。とりわけ、角川書店を退社し、幻冬舎を立ち上げた時は、大変だった。百人が百人とも、「あいつはこける」そう考えていた。

四面楚歌《しめんそか》の中、僕は朝日新聞に全面広告を出し、幻冬舎をスタートさせた。

その時、僕に対してそっぽを向いた書き手もたくさんいた。

しかし、僕からの依頼を快く引き受けてくださった方々もいた。

五木寛之さん、村上龍さん、篠山紀信さん、山田詠美さん、吉本ばななさん、北方謙三さん。幻冬舎はこの六人の出版からスタートした。

彼らのおかげで、僕は、幻冬舎の礎《いしづえ》を築くことができた。

僕は彼らに対する恩義を、生涯忘れることはないだろう。

人間は、苦境にいる時、手を差し伸べてくれた人のことを、何より大切にするものなのだ。見

ネットバブルの頃、たくさんの人が近づいてきて、僕のまわりはにぎやかでした。でも、バブルが崩壊すると、彼らは潮が引くようにサーッといなくなった。僕は、世の中とはこんなものかと、厭世《えんせい》的《てき》な気分になったものです。

そんな苦しい時、親身になって、僕にアドバイスしてくれたのが、楽天の三木谷社長でした。僕はその恩をすごく感じているし、それ以来、恩返しもしているつもりです。

こういうことは、人としての誠意にかかわる問題だと思います。が、利害の絡む企業社会では、この誠意がなおざりにされることがよくあるのも事実。

仕事をするのは人間であり、企業社会も人間社会です。仕事とはいえ、損得だけではかり、人間味を欠いたことをする人は、やはり低く見られてしまうことになります。

僕と堀江貴文さんは、盟友といえる関係です。僕が会社を立ち上げて間もないころ、同じく起業したばかりの彼と共同で事業を立ち上げ、システム開発を行ってもらいました。当時原宿にあったオフィスに、電話一本で気軽に六本木から、長髪をなびかせながらバイクに乗ってやってくる堀江さんの姿を、なつかしく思い出します。

その後しばらくしてからの堀江さんの顚末《てんまつ》については、誰もが知る通りです。

僕は、堀江さんが保釈された日、同じマンションに住む彼を訪ねました。おみやげはアダルトビデオ二本（これは一種のジョークとして）、そして六本木の「纏鮨《まといずし》」で作ってもらったお弁当。

最初堀江さんは、人間不信のような様子を見せましたが、やがてうちとけて、ゆっくり話し合いました。

それまで堀江さんとは、疎遠だった時期がありました。でも、あの訪問が僕と堀江さんの〝距離〟を再び近づけたように思えてなりません。

僕もそうでしたが、調子が良い時よりも悪い時に世話になったほうが強く印象に残るものです。

二人の間には、それ以来仕事とは無関係な交流が続いています。もし僕が、堀江さんがつまずいたからといって交流を避けるような人間だったら、社員もがっかりしたのではないでしょうか。

㊟藤

天使のようにしたたかに
悪魔のように繊細に

キリスト教の世界観によれば、
悪魔とは、堕落した天使のことである。
悪魔と天使は、本質的には同じものなのだ。
私たちもまた、時と場合により、
どちらにでもなればよい。

普通は、「天使のように繊細に、悪魔のようにしたたかに」である。
しかし、天使のような繊細さで立ち振る舞い、悪魔のようなしたたかさで事を運んだところでどうなるだろう？　月並みな比喩と同様、ありふれた結果しか得られないのは目に見えている。

一見、これをしたところで、何の見返りもないと思えることがある。見返りのないことをする人は、誰もが天使だ。しかし、本当に見返りのないことなど、この世にあるだろうか？

これは、立場を置き換えてみると、すぐにわかる。何かをしてもらうと、人は相手に対して恩義を感じる。恩義は負債に似ている。返すまで、消えることはないのだ。だから、天使のような振る舞いをすることは、実は、したたかなことなのだ。このことを自覚するとしないとでは、大きな違いがある。

逆に、何かを得ようとして、相手に近づく者は、誰もが悪魔だ。相手は、当然警戒する。警戒されている時に、何かを求めたところで、得るものは少ない。ヘタをすれば、関係は悪化するかもしれない。業務提携の交渉をして

も、結果はあまり変わらないだろう。悪魔こそ繊細さが必要だ。

僕は、あるミュージシャンと深い関係になり、しばしば会っているのに、十年以上何の仕事の依頼もしなかったことがある。その人の本を出せばどんなテーマでも確実に売れる。しかし、僕はあえて仕事の話をしなかった。ありきたりの仕事はしたくなかったからだ。

適当な仕事でお茶を濁せば、その後、いい関係にはなり得ない。

ある時、その人は、僕に人生に一度きりの重大な悩みを打ち明けてきた。僕は親身になって相談に乗り、最後にそのことを書くべきだと言った。逡《しゅん》巡《じゅん》した挙げ句、その人は承諾してくれ、その本は、発売五日にしてミリオンセラーになった。その人の一番出したくないものを出させるのが、編集者の仕事なのだ。それが大きな結果につながる。

その人の名前は郷ひろみ。本は『ダディ』という。

離婚届け提出日に本は発売され、離婚の事実と経緯を人々はその本によって知ったのだ。

天使はしたたかに、そして、悪魔は繊細でなければならない。（見）

以前、僕は人から、「計算くん」と揶揄《やゆ》されたことがありました。

一見、無邪気そうなのに、実は打算的であるということらしい。

近頃の若い人たちの間では、計算することは腹黒くてダサいという価値観があるのかもしれない。でもビジネスマン、とりわけ経営者が計算して振る舞うのは当然ではないでしょうか。

最近も、ある会社と事業内容について、厳しいやり取りをしました。僕は別の会社とのパイプを太くするほうが、プラスだという経営判断をした。でも、それを先方に言い出すと、もめごとになるにちがいなかった。

こちらの出方により、先方はどのような印象を受けるか、また、どのように出てくるか。僕はリスクをすべて洗い出し、十分にシミュレーションしました。

そして、いざ交渉が始まり、しばらくすると、僕は語気を荒らげました。

「それでは、困る。取引停止にさせてもらいます」

相手はすぐに謝り、こちらの要求をのんでくれたのです。

僕は、決して感情的になったわけではありません。感情的になったのでは、会社に損失を与えてしまう。僕は、あくまで怒ったふりをしてみせただけなのです。堀江さんの言葉を借りれば、「想定の範囲内」ということ。僕は「繊細な悪魔」になったのかもしれません。

二〇一〇年、決算賞与を社員一人あたり平均百万円ずつ配りました。告知せず、いきなり決算の時に配ったのです。みんな、すごく喜んでくれました。

もしこれを事前に言うと、みんなそれを当てにするでしょう。当然の権利ということになって、有り難みがなくなってしまう。

僕の狙いは、決算賞与を出すことで社員の仕事に向ける最後の粘りを引き出すことでした。実際その意図は伝わり、そのうえ、みんなにすごくいい会社だと思ってもらえた。八億円ほどの投資になりましたが、十分すぎるほどのリターンが得られたと思います。この時僕は、「したたかな天使」になりました。

経営者は、単なる感情だけに流されていては務まらないのです。（藤）

良薬になるな。
劇薬になれ

毒にも薬にもならない人間には、
何も為せない。
そして人は、薬にばかりなりたがる。
しかし、何かを激変させる力があるのは、
薬ではなく毒のほうだ。

三十年以上前、フランスのグラースという街に滞在したことがある。当時、角川書店の新入社員だった僕は、ある映画のスタッフとしてその地にいたのだ。製作総指揮は角川春樹さん。僕は、宣伝を重視し、出版とほかの媒体を組み合わせる春樹さんのブロック・バスターの手法から多くのものを学んだ。

グラースは、花の街である。フランスの香水、香料の三分の二はグラースで作られる。香料になる花を求め、世界中から、香水メーカーや化粧品会社が集まっている。

街には、たくさんの調香師がいた。ある晩、ワイングラスを傾けながら、調香師の一人と話す機会を得た。彼曰《いわ》く、

「いい匂いを求める争いは、極限まできています。これ以上いい香りの元は、世界中どこを探し回っても見つからない。あとは、どんな悪臭を入れられるか。一滴の悪臭を入れることによって、いい匂いが、今までに無い極上の香りになるんです。今、我々はそのキーとなる悪臭を探す競争をしているのです」

香水における悪臭は、人間にとっての劇薬に当たる。

僕はここぞという勝負の時に、劇薬を一滴だけ用いる。劇薬だから、顰蹙《ひんしゅく》を買う。まかり間違えば自分が破滅する。

もちろん、ふだんは良薬であればいい。ある程度の効き目を示し、穏やかで、副作用も無い。でも、通り一遍ではない、破格のことをするには、劇薬が不可欠だ。

劇薬は、みだりに飲めば死に至る恐ろしいものである。しかし、用量を間違わなければ、不治の病さえ治す。仕事においても、本当の勝負の時、劇的な効果を発揮する。

では、どうすれば、自分の中で劇薬を精製することができるのか。

いつも身体を張ることである。リスクを負って、ぶつかることである。

その苦しみが、身体に染み込み、沈殿し、結晶化することで、ほんの一かけらの劇薬を、得ることができる。それは経験しなければ解らない。

いつも、ほどほどで安全に仕事をしている人間は、永遠に劇薬を手に入れることはできない。 見

以前、きれいごとばかり言う人は、責任感が足りないということをツイッターに書いたら、大きな反響がありました。

きれいごとばかり言う人は、結局、リスクヘッジをしているのだと思う。

とりわけ、リーダーや経営者の仕事は、単にいい人ではできない。さまざまな問題や矛盾を解決しなければならないので、不公平や損得が生じ、全員ハッピーにはならないからです。

誰にも嫌われないように、公平で、不正がないように、きれいごとばかり言っている人は結局何もできません。何かを決めて、物事を推し進める時は必ず何割かの人は反対してきます。時には圧力をかけたり、裏から手を回したり、あらゆる手を尽くしても、前進させなければなりません。

そうしたことも厭《いと》わずに責任を負う覚悟が、必要なのです。

これと似たことは、仕事の関係で会う人にも言えます。

当たり障りのないことや、正論ばかり言う人は退屈です。

仕事で付き合う中で面白い人は、胡散臭《うさんくさ》さをかもし出している人や一癖ありそうな人が多いような気がします。見るからに清廉潔白《せいれんけっぱく》な人より、ギリギリで生きている感じの人が、儲け話やいい情報を持っていたりする。

彼らはきっとさまざまなリスクを背負って、そのような話や情報を摑んでいるのでしょう。

彼らをシャットアウトするのは、ある意味簡単なことです。でもそれでは、貴重な情報や有効なつてを得られなくなってしまう。かといって、ズブズブな関係になるのは危険です。

そのあたりの見極めは、経営者として本当に慎重を要することでしょう。きれいごとだけでは、会社は立ち行かないもの。

経営をはじめて十数年、僕もようやく、「清濁併《せいだくあわ》せ呑《の》む」という言葉の意味を、実感としてわかるようになってきました。　藤

他者への想像力をはぐくむには、
恋愛しかない

想像力は、すぐに身につくものではない。
生きる過程で、徐々に育ってゆくものだ。
それは、仕事人としての成長と、
相等《あいひと》しいと言っても過言ではない

人を動かすことが、あらゆる仕事の原点である。そのために必要なものは何か？

他者への想像力である。

自分が何かを言った時、相手はどう取るか？　傷つくか、刺激と取るか。そういうことをヴィヴィッドに感じ取れないと、相手の心は摑めない。

他者への想像力がある人は、人を惹きつけることができる。気持ちがわかってもらえたと思うと、その人は損得を越えて、相手のためになることをしようとする。それが結果的に、予想を越えた実りにつながるのだ。

では、そうした想像力をはぐくむためには、どうすればいいか？

恋愛をすることである。

恋愛ほど、相手の言動に対して敏感になるものはない。そこで人は、相手のちょっとした態度や言葉に歓喜したり、絶望したりする。

また、自分の強い思いだけでは、どうにもならないことにも気づかされる。相手の気持ちをわかり、自分の気持ちとかみ合った時、はじめてうまく行くことを知らされる。

なぜ恋愛が、他者への想像力を育てるのだろう？　それは恋愛が、限界的な状況であるためだ。

相手は自分にとって、唯一無二の存在である。どうしてもその人でなければならない。これほど強く他者を意識する状況はない。そのような切羽詰まったところでのみ、想像力ははぐくまれる。

僕より上の世代には、戦争があった。僕の世代には学生運動や、貧しさから飛躍する高度経済成長があった。それらの時代には、大きな障壁が次々と立ちはだかり、否《いや》が応《おう》でも他者を意識しなければならなかった。

しかし今、他者との関係で限界的な状況を求めるとすれば、恋愛しかない。

僕はよく若者へのメッセージを求められることがある。

その時はただ一言。

「恋愛をしろ」

もっと高尚な言葉が欲しかった相手は、目を白黒させる。㊙

この春、僕は生まれて初めて花粉症になりました。正直なところ、これまで、なぜ世間がこんなに花粉症で騒ぐのか、わかりませんでした。

花粉症になったことをツイッターに書いたところ、

「これで社長も、人の気持ちがわかるようになりましたね」

と言われ、苦笑してしまいました。

会社のマネジメントは、結局、人を動かして収益を上げることに尽きます。そして、人を動かす上でもっとも重要なのは、相手の立場になることです。

僕の花粉症もそうですが、相手の立場になることは、口で言うほどたやすくはありません。そもそも、相手の立場になろうと想像してみてもわからないようなこともよくあります。

僕が会社を始めたばかりの頃は、マネジメントがとても楽でした。なにせ社員が自分と年の近い若者ばかりでしたから。

当時は、九〇年代で、バブル崩壊後のなかなか出口が見えない時代でした。山一證券が倒産し、大企業さえ安泰ではなく、その一方でベンチャー企業は注目され始めていました。

当時の若者が社会に出る時、どういう気持ちなのか。そして、どのようなことがモチベーションになり、何がやりたいのか。そうしたことが、自分も同世代だったから手に取るようにわかっていたのです。

僕は、何を言えば社員の心に響くか、どういう組織にすれば、みんなが一生懸命働くかを心得ていて、その通りにしたつもりです。

でも、会社が大きくなるにしたがって、社員の年齢層も厚くなると、立場もさまざまになっていきます。たとえば、家族のいる人が、どのようなことを思うかは、結婚して、初めてわかることでしょう。

相手の立場がわかると、仕事の幅がぐっと広がるようになるのは間違いありません。僕自身、相手の立場が理解できるようになるたび、経営者として成長した気がします。

あてずっぽうで推し量っても、決して人は動かないのです。（藤）

第五章　勝ちに行く

すべての道は自分に通ず

ローマ人が、徹底して道路を整備したのは、
辺境にすみやかに派兵するためだ。
人間関係でも、多方面に円滑なルートを作れば、
ローマ帝国のような安泰を築ける。

文学、政治、音楽、芸能、スポーツ……、どんな分野でも、大家といわれる人物三人、そして、これはと思う、新しく出てくる生きのいい三人をおさえろ。これが僕の編集哲学だ。

「月刊カドカワ」時代を振り返ると、僕は音楽の世界では、坂本龍一、松任谷由実、浜田省吾という三人の大物、そして、尾崎豊、渡辺美里、チャゲ&飛鳥というきらめくような三つの新興勢力をおさえていた。そうすると、どうなるか?

その分野全体をおさえることができるのだ。真ん中は向こうから寄って来る。

もちろん、大家は敷居が高い。そう簡単に、仕事をしてくれない場合も多い。たとえば、ユーミンの場合、僕はアルバムを買い集め、コンサートに通い詰めた。楽屋に顔を出すうち、わずかに会話ができるようになり、やがて食事ができるようになり、そのうち夜中に電話で話せるようにもなった。そして、ついに、本を出したことのない彼女の自伝『ルージュの伝言』を作るにいたった。結果は大ベストセラー。二人とも、まだ二十代の若さだった。

新興勢力は、自分の感性に訴えてくる人に近づけばいい。こちらの敷居は高くなく、新米編集者でも共闘意識を持ちながら親しく付き合える。

当時の文学で言えば、中上健次、村上龍、宮本輝、つかこうへいといったところか。彼らとは四六時中一緒にいたし、時には喧嘩にもなった。中上健次に僕は何度殴られたかわからない。原稿に対してきちっとした批評をしないと、パンチが飛んでくるのだ。僕はそうやって鍛えられた。

その頃、中上健次は、戦後生まれ初の芥川賞作家として、文学界に急速に影響力を持ちつつあった。村上龍は今でも僕の大切な親友だし、関西在住の宮本輝さんとは真夜中の長電話が習慣になっていた。つかこうへいとは向こう十五年間、角川書店以外で本を出版しないという契約を結び、毎日のように酒を飲んだ。そのような作家と絆を持てたことは、最高の幸せである。編集者は作家と一緒に成長してゆくものなのだ。

上三人、下三人をおさえると、その中間は勝手にこちらにやってくる。その世界の権威と新鮮なエネルギーをおさえておけば、流れ全体がこちらに向かってくるということだ。㊟

意外に思われるかもしれませんが、僕のいるネット業界も、実は日本的な狭いムラ社会です。

ムラ社会には、必ず権力の上位に立つキーマンがいます。何かをはたらきかける時、その人をきっちりとおさえれば、あとは比較的スムーズに行くものです。事務所の力で物事が左右する、芸能界などがいい例でしょう（ちなみに僕は、芸能界との付き合い方を、見城さんに教えていただきました）。

ネット業界でいえば、楽天の三木谷さんや、ヤフーの井上雅博さん、ＧＭＯの熊谷正寿さんなど、他にも何名かのキーマンがいます。

彼らと一切かかわりなく、新しく大成功した会社はほとんどありません。

ネットの事業というと、サービスを作ってユーザーが集まりさえすればいいと思われているかもしれません。しかし、事業を展開したり社員を集めたりする段階になると、キーマンとの繋がりが必要不可欠になってくるのです。

また、地域的にも東京の渋谷、六本木周辺に集中しています。これは日本だけでなく、ネット企業がシリコンバレーを中心とした西海岸に集まっているアメリカにも言えます。

狭い社会では、良い噂も、悪い噂も、瞬時に広まります。

僕もネット業界では、キーマンのひとりかもしれません。例えば、サイバーエージェントの卒業生が起業した時、我々がお墨付きを与えれば、業界全体の見る目も断然違ってくるでしょう。

お墨付きによる良い噂がたてば、良いスパイラルに乗れる。その噂によって、お客様が増え、投資家が集まり、マスコミも取材しに来てくれ、良い人材を採用することができるのです。

一方、独立することはもといた会社の世話にならないことと思い込み、自分だけの力で成功してみせると意気込む人もいます。

現実的に考えたら、それは意味のないひとりよがりにすぎません。独立し起業したら、まず初めに信用が無い状態を何とかしなくてはならない。負のスパイラルに、自ら進んで入っていく余裕などないはずです。

仕事では、キーマンをおさえることが、信用を得る上でも大事な鍵となるのです。

藤

顰蹙は金を出してでも買え

斬新で図抜けたことは、
必ず人の神経を逆なでする。
しかし不思議なことに時がたつと、
非難はいつか称賛に変わっている。

僕が社長を務める幻冬舎は、今でこそ大手の一角に喰い込む出版社に成長したが、当然、はじめは、誰も見向きもしてくれない弱小会社だった。

新聞広告は、大手出版社と同じ額を出しても、二、三面ではなく、中面《なかめん》の、目立たない場所にしか載せてもらえなかった。千円の本一冊売れた時の利益にも、流通の過程で、大手とは数十円の差が出る。何をするにも既得権や、いろいろな制度の壁があり、悔しい思いをした。

大会社と同じ土俵で戦っても、絶対に勝てないと思った。既成のものに勝つためには、土俵の外に出て、外から倒さなければならない。外で立ち上がったものが勢力を持った時、そこに新たな土俵ができる。そうなって、初めて勝利への道が開けてくる。

当時、「あいつ、頑張ってるな」「よくやってるな」と言われても、嬉しくもなんともなかった。それらは、同じ土俵の中から聞こえてくる痛くも痒《かゆ》くもない余裕の言葉だからだ。

戦いに勝ち、結果を出すためには「あいつは、とんでもない奴だ」「あいつがやっていることは、訳がわからない」と言われなければならない。

そのためには風当たりの強いほうへ、強いほうへと身をよじりながら、向かってゆく。そうすることは、もちろん苦しい。しかし、勝利は、その向こうにしかない。創業時の朝日新聞での全面広告、四年目の文庫創刊、『ダディ』の初版五〇万部……。いくつもの業界の常識はずれを連発し、そのたびに顰蹙《ひんしゅく》を買った。

創業九年の出版社が上場をしたのも、驚きの眼で見られた。出版不況は深刻さを増していたし、その上、出版社は、原料を加工して製品にするのではなく、目に見えない書き手の才能に投資するため、はっきりした見通しが立たず、上場には不向きと言われる。しかし、経営をガラス張りにして自らをヒリつかせ、ボラティリティ（業績の変動率）の少ない会社を目指すため、僕は上場を選んだ。

常識というのは、その業界のリーディングカンパニーが作ったものだ。それを崩す一番シンプルな方法は、外から風穴を開けることである。崩される側は、守勢になり、やがて悲鳴を上げ始める。

つまり、顰蹙とは、くずおれる者の、悲鳴にほかならない。㋖

僕は、サイバーエージェントを当時最年少記録の二十六歳で上場させました。

誰もやっていないことだったけれど、自分はできると信じてがむしゃらに前へ突き進んだ。週に百十時間、土日はなく、寝ている間以外はずっと働いていました。

上場する時は、周囲から大反対を受けたものです。また、実際に上場すると世間から強い逆風が吹きました。しかし、慣例に従っていたり、常識にとらわれていたりしたら、新しいことは起こせないと、今でも思っています。

上場して会社が大きくなってからも、僕は時おり組織をかき乱すことを意識してやっています。

例えば、若手に刺激を与えるために、新入社員をいきなり子会社の取締役に抜擢したりする。当然周りは驚き、危機感を持つでしょう。あるいは、自分にも可能性があると希望を持つかもしれません。

年功序列の安心感の中で、ぬくぬく過ごしていては、本当の実力は発揮されないと思っています。

子会社の場合もそう。業績が下がってもいないが、伸びてもいない。このまま続けていても意味が無いと思ったら、僕は思い切った改革をして、わざとかき回すのです。事業内容を、まったく別のものに変えたり、上層部全員を入れ替えたりする。そこまでして初めて、人は動くのです。

最近、子会社の一つが、思い切った業態変更を行いました。携帯電話の広告会社だったのですが、今までの広告主をすべて引き継ぎ、スマートフォンの広告会社に転向するという。これは僕の指示ではなく、子会社の社長の独断でした。広告主へ説明に行かねばならない現場は、大混乱していることでしょう。まさに、大顰蹙です。

しかし、僕は、その子会社の社長を高く評価します。顰蹙を買うのを恐れて、少しずつ変化させていたら、他社に出遅れていたでしょう。

変革を恐れない者だけが、先に行ける。とどまったままでは未来は無いと思います。㊙

打率三割三分三厘の仕事哲学

確率でわかることなど、ほとんどない。
しかし、ただ一つはっきり言えることがある。
それは世の中のすべてが、
確率に支配されていることだ。
人はそれを容易に忘れてしまう。

プロ野球の世界では、三割三分三厘打てば、ほぼ間違いなく首位打者になれる。一人の打者が一試合でバッターボックスに立つのは、およそ四回。そのうち一回フォアボールを選び、一本だけヒットを打てば、全バッターの頂点に立てるのだ。

こう言うと、簡単に聞こえるかもしれない。しかし、三打数一安打を持続するのは、大変なことである。

たまに、五打数五安打になることもある。バッターは、この調子で打ち続ければ、どんどん打率が上がってゆくはずだと考える。その日できたことは、次の日も、また次の日もできると思ってしまうのだ。

そうなると彼は、苦手なコースでも打ちにいく。ボール球にも手を出す。やがて自分のフォームを崩して泥沼にはまり、打率を下げてしまう。

仕事もこれと同じである。あるプロジェクトが、予想を大きく上回る成功をおさめたとしよう。仕掛けた本人は、当然気分がいい。この成功は、自分の実力がもたらしたものだと考え、次のプロジェクトでも大成功を狙う。これまでの自分のやり方を忘れ、不慣れな方法で事に臨む。

僕自身の経験に照らして言うと、こんな時成功することは、まずない。成功どころか、たいてい大失敗を招いてしまうものだ。

成功は、異常なことなのだ。異常を異常と思わなければ、ついには身を滅ぼしてしまう。

勝った時こそ冷静になり、ここには次の負けを招く要因が潜んでいると思わねばならない。成功体験は成功した瞬間に捨て去るのが、一番美しい。成功は一通過点であり、すぐゼロに戻すのが健全なのだ。

ベンチャービジネスなどで、一時は羽振りがよかったのに、凋落《ちょうらく》する人の多くは、たいてい大勝ちによって自分のフォームが狂った人だ。

勝負は、勝つ時もあれば負ける時もある。五打数五安打を続けられることなど、ありえない。

三打数一安打を自分のフォームで続け、アベレージを維持することが、持続的な成功の秘訣《ひけつ》である。㊌

最近の企業経営は、不況も手伝って、できる限り無駄を削るのが主流になっています。でも、ビジネスに無駄は付き物ではないでしょうか？

プロジェクトは、うまくゆくものより、うまくいかないもののほうが多い。ましてや、すべて成功するなどありえない。

目先の利益をあげたほうが、投資家は喜ぶでしょう。しかし、無駄を省き、成功ばかり狙うと、今度大きな失敗がやってきた時、もちこたえられなくなってしまう。

たとえるなら、体脂肪率の少ない体は美しいけど、風邪をひくと、贅肉《ぜいにく》が少ない分、大病を招きやすいということです。これは会社においては大変危険な状態であると思います。ビジネスが十割に近い成功率ならそれでもいいのですが、実際には失敗する確率のほうが大きいのです。

僕は、ビジネスには贅肉がある程度必要だと思っている。失敗するプロジェクト、いざという時調整できる労働力、敵を作らないための工作資金……。それらを受け入れる余裕が、中長期の継続的な発展につながるのだと思います。

学生時代、僕は雀荘にやとわれ、時給千円でプロ雀士をしていたことがあります。僕は麻雀から勝負の勘を学びました。

勝負の勘とは、全体を見渡したり、場の空気を読んだりすることで生まれる直感のことです。勝負どころを見極めるには、自分の手ばかり見ていてはいけない。相手や場を見て、流れを読まなければなりません。

ビジネスは麻雀によく似ていると思います。初めから負けると思っている人などいない。しかし、麻雀もビジネス同様いつも勝てるわけではないのです。四人でやっていれば、上がれる確率はいつでも四分の一です。

麻雀で弱い人は、確率四分の一を忘れて、たまたま勝ち続けたら、自分は特別だと思って調子に乗り、たまたま負け続ければ、自暴自棄になって卑屈になる。

仕事においては「平常心」を持ち、常に有事に備えて冷静でいられることが大切です。㊧

「この世あらざるもの」を作れ

大衆は、自分たちが行けない世界、
なれない存在に渇《かつ》するような興味を覚える。
一方で、そこには行けず、
そうなれない自分に安心をおぼえる。
この矛盾こそが、大衆の本性なのだ。

この世にあるものなど、誰もわざわざ見たいとは思わない。人が見たいのは、この世あらざるもの、つまり、非日常的、非現実的なものだ。

ケネディ暗殺、あさま山荘事件、9・11……。それらを放送したテレビに、誰もが釘付けになった。そこには、平凡な日常を大きく逸脱した世界が映し出されていたからだ。

人気のあるバラエティ番組も同じである。ホモセクシュアル、超能力者、おバカなタレント、大食い……。出演者は皆、この世あらざる人々だ。テレビマンたちは、視聴率をあげるため、無意識のうちに大衆の欲望を見抜き、彼らをキャスティングしている。

テレビの世界にあらわれたこの事実は、現代に限られたものではない。

僕は、江戸時代、二百数十年も平和が続いたのは、歌舞伎があったからだと思っている。幕府は当初、風紀を乱すとして歌舞伎を禁止したが、のちに、中村座、市村座、森田座の三座に限り、上演を許した。これは大衆のエネルギーを芝居小屋で発散させることで、反乱を抑止する効果があると考えたからだろう。

今でこそ歌舞伎は、高尚な伝統芸能とされ、市川海老蔵が暴行事件を起こしたりすると、大騒ぎになるが、彼の祖先初代団十郎が舞台で相手役に刺し殺されていることからもわかるように、本来はもっとどぎつく、刺激的なものだった。当時の芝居小屋には、今よりずっと猥雑《わいざつ》なエネルギーが渦巻いていたにちがいない。流行も文化も情報もそこから発信された。

古代ローマが四百五十年も続き、大方平和だったのは、コロッセウムによるところが大きい。そこでは剣闘士が相手や猛獣と命がけで戦い、五万人の観客が熱狂した。エンターテインメントの原型である。これもまた反乱を抑えるための、為政者の知恵だろう。

「この世あらざるもの」とは、日常性を突き抜けたところで、オリジナリティを獲得した極端なものである。大衆はそれにどうしようもなく惹きつけられる。

「この世あらざるもの」をどう作るか。これを常に考えていれば、たいていのエンターテインメント・ビジネスはうまくゆくだろう。

僕もまた、いつもこれを考えている。㊙

サイバーエージェントはアメーバによって大きく成長しましたが、何よりそれを促《うなが》したのが芸能人のブログです。

今でこそタレントがブログを書くのは普通ですが、眞鍋かをりさんや中川翔子さんがブログを始めた頃、それはまさに「この世あらざるもの」の出現でした。それまで、スターの私生活というのは、秘密のベールに包まれていたからです。昔の吉永小百合さんや尾崎豊の私生活を、いったい誰が想像できたでしょう。

芸能人のブログには、それまで雲の上の存在だったものが、いきなり地上に降りてきたような驚きがありました。だからこそ、これほどの人気を勝ち得たのでしょう。

ツイッターは、ブログと似た手法で、ユーザーの裾野をさらに広げました。

例えば、楽天の三木谷社長は、ツイッターのフォロワーを三十万人近く持っています。多くのタレントが、フォロワー一、二万人に止《とど》まるなかで、これは飛びぬけた数字です。

その理由は、三木谷社長が謎に包まれた存在だからだと思います。あれほど知名度がありながら、テレビにも出ず、ブログも書かない三木谷社長がはたしてツイッターで何をつぶやくのか、多くの人々の注目を集めているのです。

もちろん、暴露的なものも大衆を強く惹きつけます。

少し前、大桃美代子さんのツイッターへの書き込みによって、不倫略奪劇が発覚しました。大桃さんは、ほとんど衝動的に書き込んだようですが、編集や校閲をいっさい経ず、公開されてしまうあの生々しさがインターネットの醍醐味《だいごみ》です。ネットビジネスを行う者からすれば、あれこそキラーコンテンツと言えるでしょう。

インターネットでも、ありきたりなコンテンツでは、アクセスは集まりません。

珍しいものを見たい、秘密を知りたいという人間の根源的な欲求は、現代のネット社会でも変わることはないのです。（藤）

無謀を演出して、鮮烈に変えよ

ビジネスにおいて、すべては
効果から逆算すべきである。
この視点に立てば、何が最も
有効か、自《おの》ずと見えてくるはずだ。

幻冬舎文庫を出す時、新聞の全面広告に、「新しく出ていく者が無謀をやらなくて、一体何が変わるだろうか？」というコピーを掲載した。これは僕の考えたものだ。その時の僕の気持ちそのものだった。

文庫は、ストックビジネスである。創業四年目の会社が始めるのは、誰の目にも、無茶に見えるにちがいない。だからこそ、やりたいと思った。

本当に無謀をする奴は、馬鹿である。無謀は演出するものだ。うまくゆくと、鮮やかさに反転する。それが僕の狙いだった。

鮮やかな成功を得たいなら、世間や業界が何を無謀と思うかを考えればいい。そこから逆算して、計画を練ればいいのだ。

僕はうちが出しているもの以外で、文庫化したい本を徹底的に洗い出した。そして、あらゆる手を使って書き手にコンタクトを取り、東奔西走《とうほんせいそう》した。

本来、無謀というのは、不可能に近いことに向かって、ガムシャラに、飛び出すことをいう。一方、僕の「無謀」は、圧倒的努力で難関を八割はクリアできると確信してから事を行う。だから、実は、世間には無謀に見えて

も、僕にとっては無謀でも何でもないのだ。

鮮やかな成功によって、得られるものはとてつもなく大きい。

一瞬にして、ブランドができる。ブランドができれば、質の高いビジネスができる。そうなると、ずっと多くのお金が入ってくる。

二〇〇三年一月に幻冬舎を上場した時も、僕は「無謀」を狙った。

その頃は市場がそれまでの四、五年で、一番悪かった。こんな時は、どこの会社も上場を回避するにちがいない。もう少し、よくなってからということになるだろう。僕は千載一遇《せんざいいちぐう》のチャンスだと思った。数が少なければ、希少価値がつく。価値がせめぎ合う株式市場で、それは間違いなく有利に働くはずだ。圧倒的努力をしてきただけに自信はあった。

結局、その月上場したのは、わが社だけ。株の初値は二〇一万円、その日二六四万円まであがった。僕はデューク・エリントンのジャズの名曲をもじって、こう言いたい。

「鮮やかでなけりゃ意味ないね」

「無謀」は成就した時、最も鮮やかに見えるのだ。　見

常識とは何だろう？　ほとんどの人たちが、同じほうを向き、同じ行動をとっている時に、異なることで成功した場合、世の中に与えるインパクトは相当なものです。

世の中には、皆が当たり前だと思っていることにもおかしなことがたくさんあります。

たとえば、なぜ、大学四年になると就職活動をしなければならないのだろう？　銀行で支店長になるまで何年もかかるのはどうしてなのか？

そのような常識の弱点を突き、そこを突破すると、成功はとてつもなく大きくなります。

僕が二十六歳で上場した時、それまで二十代で上場した人はいませんでした。でも、そのことに不安はなかった。三十代で上場することすら珍しいことと、僕が上場することとは、何の関係もないと思っていたからです。

その頃はもう、ネットバブルがはじけそうになっていました。川を泳ぎ切り、向こう岸にたどり着ければ一服できるけれど、着かなければ流されて終わりという状況でした。少しでも上場が遅れていれば、大きな資金調達はできない。もたもたしてはいられなかったのです。

僕は焦りに近いものを感じながらも、客観的に状況を見極め、冷静に事を運んでいました。

当時、ネットバブルをバブルと思わず、この状況がずっと続くと信じている人たちがほとんどでした。案の定バブルははじけ、そのような人たちは舞台からいなくなってしまいました。

彼らは、世間の雰囲気になんとなく乗っていたマジョリティーでしょう。マスコミの報道を真に受けているネットベンチャーの経営者からは主体性を感じませんでした。

世の中のムードや世論は一つの方向に流れやすい。しかし冷静に考えると、おかしなこともたくさんある。そう思った時こそ、チャンスではないでしょうか。その先には、競争相手が一人もいないブルーオーシャン（新しい市場）が待っているのです。㊢

ヒットは地獄の始まり

「過ぎたるはなお及ばざるがごとし」
という言葉には、確かに含蓄がある。
しかし、こと仕事に限っては、
うまくいけばいくほど、
やらなければならない課題は多くなる。
ほどのよいところで終わりにするか、
さらにもっと高い壁を
自分でつくり出して乗り越えるか。
それは、その人自身に委ねられている。

出版社の人間なら、誰もが本をたくさん売りたいと思っている。

なぜ、そう思うのか？　本が売れれば利益が上がり、ハッピーになれると思うからだ。しかし、そもそもこの考え方はおかしい。本が売れてもハッピーになどなれない。むしろ、売れれば売れるほど、苦しくなるものだ。

僕は、うちの出した本がヒットし始めると、より多く売るため、担当編集者にいろいろな注文を出す。「何か効果的なプロモーションを考えろ」「著者に、有力メディアに出ていただけるよう交渉しろ」「もっとたくさん推薦文を集めろ」等々。つまり、難しい仕事がどんどん増えるし、極端な作戦が要求されるのだ。編集者はヒットを出したばかりに、ストレスが多くなり、苦しくなる。平凡な売れ行きの本を作っていれば、余計なストレスを負わずに済んだのだ。しかし、この苦しさこそが、仕事というものの本質なのだ。

以前、ユニクロの柳井正社長が、ユニクロを批判する特集が載っている週刊誌でこんなようなことをおっしゃっていた。

「ビジネスは、辛くて苦しい。しかし、それは正しいということだ」

まったく、その通りだと思う。ユニクロ叩きの特集と同じ号でインタ

ヴューを受けること自体が凄いと思うが、この言葉は深くて重い。

十万部を出せば、その経験はスキルとして蓄積され、次にまた十万部のヒットを出せるようになる。しかし、三十万部のヒットを出すためには、新たな苦しさを味わわなければならない。そうやって、ヒットメーカーは成長してゆくのだ。一回三十万部を出せば、次も出せる。百万部も同じである。

多くの人は、すでに売れたものを研究して、自分も売れるものを作ろうとする。しかし、そんなことでは、大したヒットは生まれない。ヒットの条件はただ一つ、どれだけ「極端」があるか。僕が手掛けた本で、ヒットしたものに共通するのは、内容にも売り方にも、これまでになかった極端さがあるということである。僕が、会議で出された企画を却下する時のセリフは、たいてい決まっている。

「こんな本、これまでにいっぱいあるよ」

前例のない極端なものを打ち出すのは、もちろん苦しい。ヒットは出すのも地獄、出した後も地獄ということなのだ。

しかし、それは正しいということだ。見

商品でもサービスでも、ヒットを出すことは、諸刃《もろは》の剣《つるぎ》だと僕は思います。ヒットが出れば、会社も経営者も大きく成長するチャンスになりますが、同時に大きなプレッシャーを抱え込むことになるからです。会社の場合、成長は自然には起こりません。ただならぬ覚悟が必要になります。

　このことは、芸能プロダクションを例にとると、わかりやすいと思います。小さな事務所に所属しているアーティストが、ある時、爆発的に売れたとしましょう。売れると、当然仕事が次々と舞い込みます。人員を増やし、オフィスを広くして、規模を大きくしなければ、仕事はこなしきれません。でも、芸能界は浮き沈みの激しい世界です。そのアーティストがスキャンダルを起こし、仕事が激減することも考えられます。いきなり売れなくなれば、規模を大きくした会社は、人件費やオフィス賃料など固定費を毎月抱えたまま、次の売れっ子が出なければ、やがて倒産の危機に瀕《ひん》してしまう。

　したがって、継続的に事業を展開する会社にとってヒットを出すことは、同時にリスクを高めることでもあるのです。

ヒットが出た時、そこで浮かれたり満足したりせず、すぐに次のヒットが狙えるような態勢を整えておくこと。経営者自身が、自分は一発屋では終わらない、また必ずヒットを出すという成長する覚悟を持つことが大切なのです。

次のヒットを出すためには、より高い目標を掲げ、組織の人間すべての目線を上げさせて、みんなで強いメンタリティを共有しなければなりません。ヒットが出ている状態が当然という意識を皆が持っていれば行動計画はおのずと違ってきます。目標が高いと、その分苦しくなるのは言うまでもありません。

僕個人の経験から言っても、会社の調子がいい時は、ものすごく忙しい。投資家、マスコミ、入社希望者……いろんな人に会わなければなりません。こんな時こそ僕はサボったりせず、頑張らなければなりません。調子がいい時は、会社が成長するチャンスでもあります。そこで頑張れば、次なるステップの基盤が作れるからです。

仕事をする上で努力は大切ですが、とりわけ大事なのは当たった後。そこでの頑張りが、将来を大きく左右することになるのですから。㊏

第六章 成功への動機付け

勝者には何もやるな

勝利すると、誰もが喜びをおぼえる。
しかし、すぐにある種の空《むな》しさが訪れる。
その空しさを肯定しよう。
勝利とは、単なる通過点にすぎないのだ。

若い頃、僕は「ヘミングウェイ全集」を買い、読みふけっていた。

その中に、『勝者には何もやるな』という短編集があり、冒頭に、こんなエピグラフがある。

「他のあらゆる争いや戦いと違って、前提条件になるのは、勝者には何ものをも与えぬこと――その者にくつろぎもよろこびも、また栄光の思いも与えず、さらに、断然たる勝利を収めた場合も、勝者の内面にいかなる報償をも存在せしめないこと――である」（谷口陸男訳）

僕は今でも、社長室のデスクと自宅の書斎に、「勝者には何もやるな」と書いた紙をはっている。

圧倒的な努力を傾け、とてつもなく高い壁を乗り越えた時、僕は何の褒美《ほうび》もほしくない。また、褒美を前提にする努力など、努力とはいえないと思う。

物欲しげな姿勢は、仕事のみならず、生きることのエネルギーを弱めてしまう。金銭でも名誉でも褒美を目的にしていては、人が不可能と思うようなことを、実現できるはずがない。

僕にとって大事なものは、物事が成功した時に、一人かみしめる勝利の味ではない。もちろん金銭や名誉でもない。

「俺はまだ闘える」と思えること、それだけが大切である。

逆に、その感覚を失った自分は、想像するだけで恐ろしい。仕事もプライベートもたるみ切り、僕は生きることへの張り合いをなくしてしまうだろう。

ヘミングウェイは、猟を好み、戦線に出向き、闘牛やボクシングに情熱を燃やした。

ボクサーは恐怖や不安と闘いながら、リングに立つ。その想像力がある限り、彼は努力し、闘い続ける。モハメド・アリはその典型だ。

ラグビーの試合で、あえて敵が密集する方向へステップを切り、正面突破してトライを決めた瞬間のあの痺れるような爽快感。

誰よりも行動的な作家だったヘミングウェイの「勝者には何もやるな」という言葉ほど、僕の生の充実感を代弁してくれるものはない。(見)

僕のように若くして起業する人間は、金持ちになることもひとつの動機になることは否定できません。でも、こう言うと傲慢に聞こえるかもしれませんが、実際金を持つと、金などどうでもよくなるものなのです。たしかに以前には買えなかったものが買えるようになりますが、そんなことはすぐに飽きてしまう。ある所を目指して頑張るプロセスこそが、一番面白いということに気づかされるのです。

たとえばゴルフで、パープレーで回れるようになることを目標に頑張り始めた人がいるとしましょう。ある時神様が、ふと気まぐれで、まだまだ実力不足の彼を突然パープレーで回れるようにしてくれた。そうなった時、彼は喜びを感じるでしょうか？　僕なら、うれしくもなんともない。そもそもその間まったくゴルフをしてないのですから。下手だった自分が、少しずつ上手くなる過程こそが面白くてたまらないのです。

他の起業して成功した人に聞いても、同様にゼロから苦労しながら勝利を掴みとったことに価値があると答える人が多いでしょう。

勝利するまでの過程は想像を絶するものがあるし、勝つためにはそれ相応の代償が伴う。だからこそ、会社を作った時の苦労は二度としたくないという人が多い。見城さんもそう言っていました。多くのことを犠牲にし、信じられないほど辛い思いをしなければならない。僕自身も、その頃のことを思っただけで吐き気を催しそうになります。

それでも僕は、もう一度、裸一貫から会社を立ち上げてみたい気がする。そして、もっとうまくやれる自信がある（見城さんによれば、それは僕がまだ若いからだそうです）。

実際、修正できるところはたくさんあります。無駄なことはたくさんしてきたし、今なら何に投資し、何に時間を費やせばいいかもよくわかる。この会社より、ずっと早く組織を大きくできるにちがいありません。

ただ、今なら、怖くてできないこともあるでしょう。当時は、若さゆえ、怖いもの知らずで、乗り切っていたこともある。そこだけは心配です。

藤

ノー・ペイン、ノー・ゲイン

ｐａｉｎには、苦痛と努力の意味がある。
努力とは、血と汗を伴うものだ。
それによって購《あがな》われたものは、
自分の体の一部のように、
いとおしいにちがいない。

角川書店の最後の頃、僕は漠然とした不安を感じるようになっていた。齢をとり、地位が上がってくると、いろいろな言い訳をつけて、めんどくさい作家や企画から遠ざかるようになり、芝居や映画、コンサートにも足が鈍った。現場に身を置いていなければ、編集者として腐ってくる。角川書店というブランドに、胡座《あぐら》をかいていれば身は安泰だったが、葛藤や苦しみのないところからは何も生まれない。

僕が角川書店を辞め、幻冬舎を立ち上げたのも、自分をもう一度ゼロに戻したいという思いがあったからだ。美しい編集者であり続けることは、自分が圧倒的努力で取り組んだ無名のものとの結果が出た時点で、それを弊履《へいり》のごとく打ち捨てて、新しい無名に立ち向かう姿勢を持続することだ。自己否定は、苦痛を伴う。しかし、自分の力で獲得した結果であっても、そのことに寄りかかって生きることは、自分を堕落させる。それをゼロに戻してこそ、その次のいきいきとした生の実感が味わえる。自分には届かないものをあえて選んで、それに届くように圧倒的努力をすればいいではないか。

僕は、角川書店という看板を背負わずに仕事をしてきた自負があった。そ

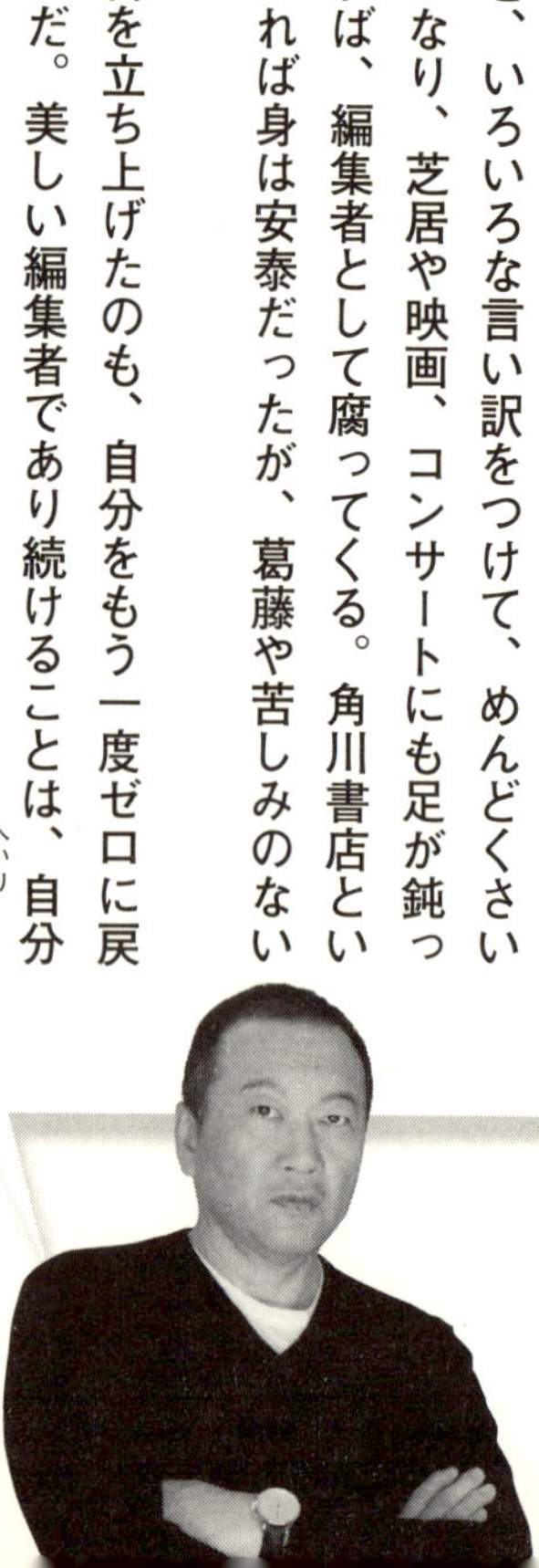

のため、僕と仕事をしてきた作家たちの何人かは、幻冬舎という出来たばかりの無名の出版社でも、作品を書いてくれるという自信があった。そして彼らは、実際、快く書いてくれた。

大手出版社など、大企業にいた人は、独立すると、たいていうまく行かない。大企業にいると、誰でもまわりにちやほやしてもらえる。それを当たり前に思い、努力してこなかった。そのツケが、一気に回ってくる。

僕は、ある時から、大手出版社にいた人を中途採用しないようにした。ブランドの下で仕事をしてきた人は、厳しい環境に置かれると、驚くほど仕事ができない。ブランドに寄りかかっていると、苦痛を感じることは少ないかもしれない。しかし一方で、努力することも忘れてしまう。

小さな出版社でやってきた人のほうが、地力があることが多い。彼らは、格闘しなければ、得られないことを知っている。

ノー・ペイン、ノー・ゲイン。

苦しみ抜いて得られたものにだけ、価値はあるのだ。㊎

ネット業界は、歴史が浅く、まだまだ発展途上です。新しいサービスが次々に生まれ、状況は時々刻々と変わってゆく。

こんな世界では、過去の成功体験など役に立ちません。常に裸で、目の前の仕事に取り組まなければならない。

広告代理店やテレビ局にいた人が、ネット業界に来ると、それまでの経験から学んだことをそのまま実践しようとしますが、逆にそれが原因で失敗することが多いのです。

ネット業界では、新しいものが次々と生まれ、変化も激しい。「こうすればうまくゆく」というセオリーなどどこにもない。いつもゼロの状態で取り組まねばならず、ふと「ここは、前回の経験が生きているな」と思うことが、かろうじてある程度です。

先日、とある子会社の社長に、強い口調で言いました。

「今、スマートフォンの仕事をしているのは、若者ばかりだ。入社一、二年目の社員が、鼻息荒く必死になってがんばっている。お前はあいつらに、死んでも負けるな！」

彼は三十歳くらいで、社内ではベテランの域に達しています。キャリアのある分、「俺は若い奴らとは違う」と自分を高みにおき、妙な余裕をもって仕事をしてほしくないと思いました。だから僕は、「気合で負けるな」と発破《はっぱ》をかけ、彼を送り出したのです。

経験のある年長者が、経験の乏しい若い社員と同じ姿勢で仕事に臨むのは、恥ずかしいことにちがいない。

人は誰でも成功体験やキャリアに胡座をかきやすい。それを捨てるのは、つらいことです。

でも、そこに安住すると、新しく得られるものはなくなってしまうと思います。藤

スポーツは、
仕事のシャドー・ボクシングである

思考は、思いのほか、生理に影響されるものだ。
それは、経験的に誰もが知っている。
いい考えを持ちたければ、
肉体をコントロールしなければならない。

僕は週六日、スポーツジムで体を鍛えている。

ジムは、都内四つのホテルで会員になっている。仕事が一段落した時、一番近いところへ行けるようにするためだ。まず、ランニングマシンで四十分走る。そのあとは軽い筋トレ。

家には、ジョーバという乗馬を模《も》した、フィットネス機器もある。僕は夜、テレビニュースを見ながらこれにまたがり、速さを最大にして、十五分間揺られるのを、日課にしている。

若い頃はもっとトレーニングをしていた。仕事より、毎日二時間のトレーニングを優先していたほどだ。たくましい筋肉をつけて、ボディビルのコンテストに出ようと本気で思っていた。ベンチプレスで百三十キロを上げていた。

その頃ほどではないが、今でも、僕は、ほとんど強迫観念に駆られながら、トレーニングを行う。仕事が忙しくてできなかったり、サボったりした日は、とても嫌な気分になる。罪悪感をおぼえ、酒も飯もうまくない。

トレーニングが終わり、シャワーを浴びたあとの爽快感。それは勝利の感

覚に似ている。自分は、これからまた戦えるという気持ちになる。

今回の株の買収騒動で、僕は毎日忙殺《ぼうさつ》された。弁護士数人と、一日四、五時間は協議してきた。正直なところ、この二ヵ月半は心が折れそうだった。でも、合間を縫ってジムには必ず行っていた。トレーニングをすると、心の中でファイティング・ポーズが取れるからだ。

運動していないと、精神衛生にとても悪い。仕事において、リスクを背負ったり、ぎりぎりのエッジに立ったりすることをしなくなる。

トレーニングは、決して楽しいことではない。始める前は、憂鬱でしょうがない。でも僕は、自分を苦しめていない奴はだめだと思う。自分を追い込み、憂鬱なことを乗り越える。そうすることが、仕事をする時の姿勢に、大きな影響を及ぼす。

そもそも仕事とは、憂鬱なものだ。㊊

それまで週二回ほどだったジム通いを、見城さんの話を聞いて、僕も週六回にしました。親子ほど年の離れた見城さんに、負けていられないという気がしたのです。

ジム通いは、忙しいとつい悪循環に陥ってしまう。運動していないと、体力がだんだん落ちてくる。体力が落ちると、疲れやすくなり、運動しない。

すると、仕事でも同じことが起きてくる。

疲れやすくなると、仕事上の問題を先送りする。それだけ大変になり、次の問題をまた先にのばしてしまう。

つまり、体調管理と仕事のネガティブ・スパイラルは、連動してしまうのです。それなら、ポジティブ・スパイラルに、自らを持ってゆくしかありません。

僕は今、三十八歳です。以前は何とか若さで持ちこたえてこられたけれど、今はもう無理。運動して体調を整えないと、仕事に明らかな悪影響が出てくる。仕事は、最後の詰めではやはり気力が勝負になります。気力は、体力によって支えられています。

見城さんに影響され、ジム通いを頻繁《ひんぱん》にして本当によかったと思います。最近は、自分に鞭打《むちう》ちながら無理に仕事をしていたところがありましたが、回数を増やしてからは体が勝手に動いてくれるようになってきました。

しかし、睡眠時間は見城さんの真似はできません。見城さんは一日二、三時間しか寝なくても平気らしいのですが、僕は寝ないと、びっくりするほど仕事の能率が落ちるのです。

寝ずに詰め込むくらいなら、一晩よく寝て、次の日やったほうがいいというのが、僕の考え方です。

仕事の能率は、体力に直結している。もっともパフォーマンスが上がる方法を自分で見出し、意志の力で確立できることが、仕事のできる人の条件だと思います。　藤

ワインは、働く男の「血」である

イエスは、十字架にかけられる直前に、
「葡萄酒《ぶどうしゅ》は私の血」といって、
弟子たちに葡萄酒を与えた。
こうして生涯をかけた、彼の仕事は、
弟子たちに受け継がれたのだ。

仕事でも運動でも、自分を苦しめた後、自分に何か褒美を与えてやることは、やはり必要だ。

僕の場合は、飯とワインである。以前は赤が大好きだったが、今は白。年のせいか、赤が重くなってしまった。

もし、もっと金と暇があったら、僕は間違いなくワインを買いあさるだろう。あるいは、ワイン作りをするかもしれない。

僕の知り合いでもある、ゲームメーカー「カプコン」のオーナー辻本憲三会長は、ワイン好きが高《こう》じて、「ケンゾーエステイト」というプライベート・ワイナリーを作った。カリフォルニアのナパヴァレーに四百七十万坪の土地を買い、本格的なボルドー葡萄品種の栽培を行った。私財投入は百億円を超えたらしい。僕もよくケンゾーエステイトのワインを飲むが、白の「あさつゆ」という銘柄が大好きだ。

辻本さんは、事業の成功で得た金を、ワイン作りにつぎ込んだのだ。僕はその気持ちがよくわかる。

なぜワインは、かくも人を惹きつけるのだろう？

ワインは不思議な飲み物である。僕はよく行くレストランで、一本七千円のシシリアの白ワインを注文する。相当なワイン通にこれを飲ませて、一本五万円だと言ってもだまされるだろう。この程度の誤魔化しはきく。しかし、決定的なワインはとてつもなくうまくて、高い。百万円出しても飲みたいと思わせる。同じ一本で、これほど値段に差のある飲み物はない。それはビジネスの成否に、どこか似ている。

ビジネスに成功すれば、今までのスケールでは測れない驚くべき光景が眼前に現出する。ＤＲＣのモンラッシェやロマネコンティのようにとんでもない陶酔感をもたらすのだ。その快楽は、自分が積み上げてきた努力に比例する。そして、成功した者とそうでない者とでは、差は歴然とする。

一日自分を苦しめた後に飲むワインの味は格別だ。僕は、夜うまいワインを飲むために仕事をしているといっても過言ではない。藤田君は僕の還暦祝いにＤＲＣの特別の年のモンラッシェをくれた。最高のプレゼントだった。

僕は、ワインは、目一杯働いた男の血であると思う。

僕は毎晩、血を補給しているのだ。

見

学生時代、僕は酒をおいしいと思ったことはありませんでした。社会人になり、ある時、仕事から帰ってきてビールを飲むと、なんておいしいんだろうと思い、それから自分でビールを買って飲むようになりました。

ワインも、二十代後半くらいまでは何がおいしいかわからなかった。居酒屋やカラオケボックスで出されるような安いワインしか飲んだことがなかったのです。

ところが、ある人にワインバーに連れて行ってもらい驚いた。質のいいワインが、こんなに素晴らしいのかと思った。

それからワインに興味を持つようになったのです。知れば知るほど、ワインの世界は深かった。奥行きがあり、歴史があった。そして、本当においしいワインというのは驚くような感動を与えてくれるものだということを痛感しました。

働いた後、ビールのおいしさがあるのとないのとでは、人生の味わいが全く違う。それと同じことがワインにも言えると思う。

ではビールで良いのではないかと言えば、たしかにおいしいけれど毎日飲むものであり、日常的すぎる。何か仕事を一つやり遂げた時は、やはり極上のワインが飲みたい。そう思うようになりました。

この前、本決算が終わった後、僕は一人ですごくいいワインを開けて飲みました。ある所を目指してずっと頑張ってきた、それに対する自分へのご褒美として。

プレッシャーから解放され、達成感とともに一人でいいワインを味わう時こそ、僕の至福の時と言えるでしょう。

先日、ワイン好きの社員を招待して、僕の家にあるワインをみんなで飲んだ。何本か開けましたが、ＤＲＣをふるまった時、みんな口々に、「明日からまた、仕事を頑張ります」と、言い始めたのです。

もちろん僕はそのようなことを考えて、ワインをふるまったわけではありませんでした。

ワインには、仕事への意欲を高めさせる何かがあるのかもしれません。㊧藤

「京味」に行けなくなったら、
仕事はやめる

自分を知ることほど、難しいものはない。
完全にわかることは、不可能ともいえる。
しかし、その手段として、
自分で照らせる身近でわかりやすい
指標を設けることはできる。

西新橋に「京味」という、高級割烹《かっぽう》がある。素晴らしくおいしい正統派の京料理を出し、和食の最高峰と呼ばれる店である。

僕は二十五歳の時、作家の有吉佐和子さんに連れて行ってもらって以来、三十五年間、この店に通い続けている。多い時は、週に一度おとずれていたので、おそらく千回近く行っている。

店主の西健一郎さんによれば、今も通っている人で、一番多く来たのは僕ということらしい。

「京味」は高い。二人で行くと、十万円を超える。しかし、それ以上に旨《うま》い。

僕は「京味」に行けなくなったら、仕事をやめようとずっと思っていたし、今も思っている。「京味」に行けなくなるということは、僕にとっては仕事がうまくいかなくなることを意味する。つまり「京味」は僕にとって絶対的な仕事の基準なのだ。

大げさに言っているのではない。行けなくなったら、どこか田舎に引っ込み、晴耕雨読をしようと、本気で思っている。

もう行けなくなるかもしれないと思ったのは、四十二歳で角川書店を退社

し、幻冬舎を立ち上げた時だ。

「しばらく仕事がうまくいかないと思うので、これから来られなくなります」

こう僕が言うと、西さんは、

「何をおっしゃっているんですか。お代はいただきません。出世払いで結構です。今までどおりいらして下さい。いっさい請求しませんから」

僕は感激のあまり、目に涙を浮かべた。

それは会社設立登記をした十一月のことで、最初の本が出る三月まで、年をまたいで半年ほどある。実際、その間、何度も通ったが、一度も請求はなかった。

最初の六冊の本は、運よく全部ベストセラーになった。僕はそれで得た収入で、半年分のツケを支払った。

幸い、あれ以降一度もツケをためたことはない。請求書が来れば、すぐに振り込む。それができなくなったら仕事はやめる。

こんなにはっきりしている仕事の指標はない。(見)

寿司屋など、高級店で、客によって出すものや勘定が違う店があります。大事な客とそうでない客で、はっきりと差を付けるのです。

そういう店は感じが悪いという人もいますが、僕はそうは思いません。店の格というものを考えると、自然なことではないでしょうか。

格のある店に通うことが、ふさわしいかどうかは、自分をはかる物差しになるので、そのような店を持つことは意外と大事だと思うのです。

僕の場合、西麻布のワインバー「エスペランス」がそれにあたります。

一方、僕にはまだまだ敷居が高い所もあります。ゴルフ倶楽部の小金井カントリー倶楽部がそれです。

そこに行くことを目指しているわけではありません。しかし、いつか違和感なく、そこでプレーできるようになった時、僕は自分が成長したことをはっきり認識できるはず。

逆に落ちぶれた時、それを認識するのはとても難しいにちがいない。誰も言ってくれないし、また、自分の評価などなかなか正確にできるものではないのですから。

そんな時、自分に見合うレストラン、ホテル、飛行機の座席などは、自分のポジションを認識するための、わかりやすい目安になると思う。

これは人物でいえば、ライバルに当たるでしょう。

身近にレベルの高いライバルがいれば、負けられないと思って頑張るし、逆に、周りがみんな低レベルだったら、こんなものかと安心してしまう。作家でもミュージシャンでも、そうなのではないでしょうか。こういうことは重要ではなさそうに見えて、実はそれが成否を分けている気がします。

もし、ライバルがいなければ、ある程度成長できても、お山の大将で終わってしまうにちがいない。もしくは満足して、そこで成長が止まってしまうかです。

幸い僕は、昔からベンチャー経営者として成功している人に囲まれてきました。そのため、お互いにいい影響を与え合うことができたと思っているのです。藤

男子たるもの、
最後の血の一滴が流れるまで、
戦い抜け

明治時代、新島襄《にいじまじょう》は、
日本にキリスト教を広めようとして、
仏教徒などから激しい攻撃を受けた。
若者を励ます手紙に書かれたこの一節ほど、
現代のビジネスマンを鼓舞《こぶ》するものはない。

男子たるもの、最後の血の一滴が流れるまで、戦い抜け

二〇一〇年、僕の還暦の誕生日に、京都造形芸術大学と東北芸術工科大学の理事長徳山詳直《しょうちょく》さんから、こんなお祝いの電報をいただいた。

「『男子たるものは、一度戦って負けても、やめてはならない。二度目三度目の戦いの後でも、やめてはならない。刀折れ、矢尽きてもやめてはならない。骨が砕け、最後の血の一滴まで流して、初めてやめるのだ。——新島襄』誕生日おめでとう」

新島襄と言えば、キリスト教徒で、同志社大学を創ったというくらいの知識しかなかった。こんな激しいパッションを抱いていた人とは、思わなかった。

その頃僕は、MBO（経営陣による買収）を発表したTOB（株式公開買付け）の最中に謎のファンドが幻冬舎株の三分の一以上を買い上がり、苦境に立たされていた。電報が届いた日は、条件変更をしたTOBが成立した翌日だった。

僕は、戦うための準備として金が必要になり、銀行に自宅をはじめ、全財産を担保に入れた。事もあろうに、それが僕の還暦の誕生日だった。

相手はすでに、株を三分の一以上保有しているので、株主総会で提案された重要事項を否決できる。でも僕は、勝負をかけた。謎のファンドが三分の一以上の株を握っているままで、上場を廃止するための臨時株主総会を開くことを決意したのだ。

正直なところ、とても苦しかった。負けがほぼ決まっている試合を戦うのである。でも、僕はもう後には引けないと思った。入念で圧倒的な努力をすれば、必ず道は開けると信じ、事にあたった。僕は謎のファンドの出現以降、二時間以上寝た日はなかった。

周囲はみんな、臨時株主総会を開くことに反対した。僕はこんなことが前にもあった気がした。いつだろう？　独立して、幻冬舎を立ち上げた時だ。僕はあれから二十年近くたって、再び正念場に立たされたのだ。

そして迎えた二〇一一年の二月十五日の臨時株主総会。劇的な逆転で幻冬舎の上場廃止が決まった。

やると決めてから総会までの一ヵ月半、僕を勇気づけてくれたのは、あの電報の新島襄の言葉だった。

（見）

僕は、日本のヒップホップが大好きです。

何といっても、歌詞が好き。心がこもっている。リアリティや反骨精神にあふれていて、胸に突き刺さってくる。

会社を作ってからも、ずいぶん勇気づけられました。

ヒップホップは、不良の文化ですが、こざかしくなく、真っ直ぐで前向きなパワーを持っている。やさぐれた人間っぽさもある。自分たちの生活や心情をリアルに伝えようとする姿勢に、とても共感するのです。

ライブにいけば、グッドバイブス、つまりいいエネルギーをもらって、よし、頑張ろうという気にさせてもらえる。

日本のヒップホップは、アメリカのものまねからスタートしました。そして日本語や日本の文化を取り入れながら、独自の発展を遂げています。

これは時期的なものを含め、日本のインターネット業界とよく似ている。そんなところも、僕の共鳴に一役買っているのかもしれません。

僕がはじめてヒップホップを聴いたのは、学生時代。ライムスターの「エゴトピア」というアルバムでした。

その中に、「外野席のコメンテーターたち、黙らせてやる、いつか全部」といった内容の歌詞がありました。

僕はこの一節が大好きでした。どれほど僕を勇気づけてくれたかわかりません。二十四歳で会社を始めて、若いために信用されず、何回も惨めな思いをして、不安と焦りで眠れない夜も、プレッシャーで押し潰されそうになったこともありました。

金のことで批判され、陰口を叩かれ、妬《ねた》まれ、揚げ足をとられ、でたらめな話にも慣れました。

そんな仕事におけるたくさんの「憂鬱《ゆううつ》」を乗り越えてこられたのは、それをはるかに上まわる「希望」を持っていたからです。

本書が、とりわけ見城さんの強烈な言葉が、皆さんの憂鬱を希望へと繋《つな》げる一助になることができたら幸いです。

（藤）

あとがき

見城　徹

自分の言葉だけれど、とにかく、本のタイトルが気に入った。

『憂鬱でなければ、仕事じゃない』

デューク・エリントンに、「スイングしなけりゃ意味ないね」という僕の大好きなジャズの名曲があり、これと重なったからである。

ジャズと同様、仕事でも大事なものはスイングだと僕は思う。

仕事とは〝正〟であり、憂鬱とは〝負〟である。その両極をスイングすることで、はじめて結果が出る。まさにスイングしなければ、意味がないのだ。

実際、仕事には負の部分がつきものだ。それが大きいと逆境になる。

この本を作る過程は、突然わが社を見舞ったMBO騒動と、期間がほぼ一致する。その意味で、運命的に感じられる本だ。

今後のために上場廃止を決意した僕に立ちはだかった今回の騒動は、これまでになく辛いものだった。正体不明のファンドに三分の一以上の株を握られ、勝ち目はほとんどなかった。それでも圧倒的努力をして、正面から立ち向かおうと思ったのは、やはりこの本を作っていたからだと思う。

この数ヵ月間、週に一度くらいのペースで藤田君に会い、彼のスイングを内に秘めた静けさ、奥深さにどれほど勇気づけられたかわからない。僕は彼に、仕事に対する考えをいろいろ話しながら、彼の佇《たたず》まいに学び、どこかで自分を鼓舞していた。

そしてこの期間、大石内蔵助の辞世の歌、

「あら楽し　思ひは晴るる　身は捨つる　浮世の月に　かかる雲なし」

を、よく思い浮かべた。もし駄目なら、僕もきれいに散っていこうと思った。

臨時株主総会の前の晩、ベッドに入ると、とても澄み切った気持ちになった。やるべきことはすべてやったのだ、あとはもうなるようにしかならない、そう思った。すると、この二ヵ月半ずっと眠れなかったのが嘘のように、ふっと眠りに落ちた。

翌日、首尾よく上場廃止を決議することができ、僕は難局を切り抜けた。

何か事をなすためには、身体を張らなければならない。もし誰かが、うまくいかないと嘆いていたら、

「君は身体を張ったのかい？」

と問いたい。

身体を張って七転八倒しながら、リスクを引き受けて、憂鬱な日々を過ごす。そうやって初めて、後悔のない、清々しい気持ちになれる。

これが仕事をする上で、そして、生きてゆく上で、何より大事なことなのだ。


僕を、年長というだけで、しょうがない兄貴分として立ててくれる人たちが、経営者の中に何人かいる。エイベックスの松浦勝人、サイバーエージェントの藤田晋、ネクシィーズの近藤太香巳、ＧＭＯインターネットの熊谷正寿、ダイヤモンドダイニングの松村厚久（知り合った順です）らが代表格

と言えるだろう。いつも心からありがたいと思っている。

非常に刺激的な付き合いを続けてくれている彼らの中で、今回、藤田君との共著になったのは、彼と交流がある講談社の原田隆君の強い要望があったからだ。原田君と僕も、彼の新入社員時代から三十年の付き合いになる。原田君の尽力がなければ、この本は生まれなかった。ひいては、その間わが社に起こっていた株騒動も、違ったものになっていただろう。

命ある限り戦いをやめてはならない。肝心な時こそ、利害、損得で動いてはならない。死んでもいい、と覚悟が定まった時、不可能だと思われていた何かが動く。

「かくすれば　かくなるものと　知りながら　やむにやまれぬ　大和魂」

浦賀での密航失敗後、江戸・伝馬町に護送される途中、忠臣蔵四十七士の霊が眠っている高輪・泉岳寺の前で吉田松陰が詠んだ歌である。大石内蔵助の辞世の歌への返歌にもなっている。

還暦の今、この歌が心に響く。

正面突破。

自分を傷《いた》めないで、誰が僕に心を動かしてくれるだろうか。恋愛も仕事も人生も同じである。

僕はこれからも圧倒的努力を続けるしかない。

最後に、この本の構成を担当してくれた前田正志君も、よくスイングする仕事師だったよ、と一言、申し添えておきたい。

見

見城 徹

一九五〇年一二月二九日静岡県生まれ。慶應義塾大学法学部卒業。七五年角川書店入社。九三年同社を退社し、幻冬舎を設立。二〇〇三年ジャスダック上場。二〇一一年MBOにより上場廃止。著書に『編集者という病い』『異端者の快楽』など。

藤田 晋

一九七三年五月一六日福井県生まれ。青山学院大学経営学部卒業。九七年インテリジェンス入社。九八年同社を退社し、サイバーエージェントを設立。二〇〇〇年史上最年少二十六歳で東証マザーズ上場。著書に『渋谷ではたらく社長の告白』など。

憂鬱《ゆううつ》でなければ、仕事《しごと》じゃない

二〇一一年六月一三日　第一刷発行
二〇一一年九月一五日　第九刷発行

著者　見城《けんじょう》　徹《とおる》
藤田《ふじた》　晋《すすむ》

発行者　鈴木　哲
発行所　株式会社　講談社
東京都文京区音羽二丁目一二ー二一　郵便番号一一二ー八〇〇一
電話　編集〇三ー五三九五ー三五三二
販売〇三ー五三九五ー三六二二
業務〇三ー五三九五ー三六一五
印刷所　慶昌堂印刷株式会社
製本所　株式会社　国宝社
落丁本・乱丁本は購入書店名を明記のうえ、小社業務部あてにお送りください。
送料小社負担にてお取り替えします。
なお、この本の内容についてのお問い合わせは生活文化第三出版部あてにお願いいたします。
ISBN978-4-06-217002-4
定価はカバーに表示してあります。